서양 민주 개념 통사 고대편

최정욱

박영사

시골 초등학교부터 미국 대학원까지 모든 은사님들께

To all my teachers and professors

from rural elementary school through US graduate school

서문

　　건국대학교 정치외교학과에 직을 둔 지 3년차인 2007년 가을학기부터 학부에 <정치학고전원서강독>이라는 과목을 개설해 서양정치사상사에서 민주주의와 관련된 고전 텍스트를 발췌해 강의를 해 왔으니 벌써 이 저서의 주제를 두고서 나름대로 씨름을 한 세월이 14년이다. 돌이켜보면 강의를 한 세월보다 앞으로 강단을 떠나기 전까지 남은 세월이 더 짧은 나이가 되었다. 요즘 이렇게 정년이 한 자릿수밖에 남지 않게 되면서 내 발자취를 어떻게든 정리할 필요성을 몹시 느낀다. 학문에 종착역은 없지만 그래도 언젠가 한 번은 자신의 발자취를 정리할 필요가 있다고 본다. 또한, 80년대 중반에 서울대학교 정치학과에 들어갔으니 정치학과 인연을 맺은 지가 어언 35년이고 학부 1학년부터 개인적으로 몇몇 선생님들을 찾아서 추천도서를 받아 공부를 시작했는데 그 공부의 한 축이 정치학 고전 읽기였다. 정치학도로서 출발도 정치학 고전 읽기로 시작했으니 마무리 역시 뭔가 고전과 관련한 작업이 좋다고 보았다. 긴 인생 여정에 걸쳐서 오랜 기간 해온 일이니 마무리 역시 그렇게 간단히 끝낼 수는 없는 일이었다. 어떻게 마무리를 할까 고민하던 찰나에 마침 한국연구재단에 장기 연구과제 지원 사업이 신설되었다. 나는 바로 <서양사상사에서 'democracy' 개념의 원론적 재고찰:

고대 그리스 헤로도토스부터 현대비교이론가인 슘페터까지>라는 주제를 달고 7년 장기연구 지원을 신청했고 운 좋게 선정되어 이제 3년차, 1단계 연구를 마무리하는 과정의 일환으로 이 저서를 출간하게 되었다.

나를 잘 알지 못하는 사람들은 내가 비교정치나 인도와 동남아연구만이 아니라 사상 관련 주제도 다루는 것을 보고 의아해 할지 모른다. 지금까지 발표해온 논문은 차치하고라도 외국출판사를 통해서 2권(*Governments and Markets in East Asia: The Politics of Economics Crises*, Routledge, 2006; *Votes, Party Systems, and Democracy* in Asia, Routledge, 2012), 국내출판사를 통해 1권(『인도의 사회적 취약층과 우대정책: 기타후진계층(OBC)의 공직, 교육 및 정치부문 할당정책』, 글로벌콘텐츠, 2017) 총 3권의 책을 출간했지만 사상과는 거리가 멀다. 하지만 사상이라는 것이 정치학의 기본이고 서울대 석사과정 전공이 사상이었으며, 미국 텍사스 오스틴에서 박사과정의 한 분야도 사상이었음을 감안하면 내가 사상을 다시 다루는 것은 놀랄 일도 아니다. 오히려 나처럼 정년이 머지않은 사람이 이런 작업을 해야 한다고 본다. 오늘날 학계를 돌아보면 정치사상을 해서 먹고 살기 힘든 게 사실이다. 사상이 원래 단편적인 논문보다는 긴 호흡으로 저서를 통해 승부하는 작업이라 짧은 논문으로 채용과 승진을 평가하는 오늘날의 풍토에서 사상전공자는 생존경쟁에서 도태되기 쉽다. 학문이 장기적으로 발달하려면 이렇게 논문으로 얽매여 있는 사슬을 풀고 누군가가 자유롭게 자기 생각을 정리하는 작업을 많이 해야 한다고 본다. 이러한 일을 하는 데 가장 적합한 사람들이 나처럼 이미 정년을 보장받고 논문 한두 편에 일희일비하지 않으면서 긴 안목으로 갈 수 있는 여력이 있는 고참 교수들이라 생각한다.

긴 연구과정을 통해 원래 저서 1권과 편역서 1권을 내려고 했다. 하지만 한국연구재단 지원이 1단계 3년과, 2단계 4년으로 나뉘어 예산이 집

행되다 보니 출간계획도 여기에 맞춰 1권의 저서가 2권으로 나뉘어 나오
게 되었다. 그리하여 서양 민주 개념 통사의 고대편이 이번에 나오고 나
중에 서양 민주 개념 통사의 근대편이 나오게 될 예정이다. 편역서는 정
치사상에서 민주 개념 관련 주요 사상가들의 원저작들에서 관련된 텍스트
부분의 영문과 그에 대한 번역문 및 사상가 인물소개를 병치해 출간하게
될 것이다. 이 3권의 책은 전공자만이 아니라 일반인들도 가능한 편하게
읽을 수 있는 수준으로 집필된다. 특히 편역서는 고등학생들에게도 권장
할 수 있는 수준으로 집필될 예정이다. 바쁜 대입입시 준비로 고전을 온
전히 다 독파하기 힘든 학생들이 고전의 맛을 느껴볼 수 있는 좋은 기회
가 되도록 할 것이다.

　　개인 인생사와 관련해 이 저서가 어떻게 자리매김하고 있는지는 말
했지만, 여전히 이 저서를 집필하게 된 나만의 문제의식은 말하지 않았다.
'민주' 개념이라는 주제를 가지고 저서를 집필하게 된 직접적인 동기는 이
용어가 갖는 혼란 내지 혼동 때문이다. 민주 혹은 '민주주의'라는 단어는
우리 일상 속에서 가장 흔히 접하는 용어 중 하나이다. 그것은 또한 정치
인들이 입에 달고 사는 단어이기도 하다. 정치인들은 상대방을 비난할 때
도 자기를 내세울 때도 민주주의라는 단어를 주저 없이 사용한다. 또한
뭐가 민주주의인지 나름대로의 생각이 없는 일반인들에게는 뭐든 좋은 것
이 다 민주주의이다. 이들은 별도로 설정된 좋고 나쁨의 기준에 따라서
민주주의를 평가하는 것이 아니라, 그냥 좋은 속성은 다 민주주의라는 항
아리에 집어넣어 생각하는 습관이 있다. 따라서 민주주의는 절대로 나쁠
수 없는 성스러운 어떤 것이다. 그것은 독자적인 기준으로 평가할 수 없
는 절대적인 어떤 존재와 같다. 또한, 나라 경제정책에 대해서 지나가는
사람을 붙잡고 이야기하면 전문가에게 물어보라고 하는 일반인들이 많지
만, 정치영역에 속하는 민주주의에 관해서는 시정잡배들도 주저 없이 입

에 침을 튀기며 마치 자기가 전문가인 양 떠들어댄다.

민주주의라는 용어의 이러한 대중적 친숙성과 보편성에도 불구하고 우리는 민주나 민주주의가 무엇을 의미하는지 분명하게 답하라고 요청을 받는다면 곤경에 처하게 된다. 이것도 민주주의, 저것도 민주주의라는 식의 답이 아니라면 말이다. 예를 들어, 대한민국 헌법 제1조에 나오는 민주공화국이라는 용어에서 '민주'와 '공화' 각각의 의미를 말해보고 그 둘 간의 관계를 말해보라고 하면 어느 누구도 쉽게 답하기 어려울 것이다. 이 두 개를 막연히 같은 말로 알고 있는 경우에는 더욱 그러하다. 만약에 공화와 민주가 같은 의미라면 우리는 왜 굳이 최고 법령인 헌법, 그것도 그토록 중요한 제1조에서 동어반복적인 말을 하고 있을까 하는 의문을 가질 수밖에 없다. 동어반복이 아니라면 결국 민주라는 단어는 공화라는 단어와 별개로 설명되어야 한다.

또 다른 예로는 헌법의 전문에서 대한민국의 기본질서로 강조되고, 정당조차도 해산할 수 있는 명분이 되는 '자유민주'라는 용어도 우리의 혼란을 야기하는 말이다. 정치학자든 일반인이든 민주주의를 자유와 결부하기를 주저하지 않는 사람들이 많다. 아시아 바로미터 조사(Asian Barometer Survey, 2006)를 보면 민주주의를 자유라고 정의한 답변들이 제일 많다. 그렇다면 왜 자유주의를 기본질서라고 하거나 민주주의를 기본질서라고 하지 않고 자유민주를 기본질서라고 했을까? 헌법을 작성한 사람들의 의도가 무엇인지는 더 찾아보아야 할 문제이지만, 이러한 용어는 자유민주가 아닌 다른 민주가 있고 자유주의는 민주주의와 동일한 것이 아니라는 가정을 분명히 전제하고 있다. 그렇지 않고서야 어떻게 자유민주라는 말을 하겠는가? 단순히 자유나 민주로써 충분한데도 말이다.

이렇게 민주, 공화, 자유가 서로 연관되면서 혼동을 일으키고 있을 뿐만 아니라 민주라는 말 자체도 어떤 이는 이것이 우리가 추구해야 할

하나의 목표 혹은 이상이며 지금은 불완전한 민주주의 단계이고 우리가
뭔가 더 해야만 민주주의가 완성되는 것으로 이해한다. 이런 민주주의는
민족주의나 사회주의 혹은 공산주의와 같은 다른 종류의 이데올로기들과
경쟁하는 어떤 것이다. 민주주의를 이렇게 이해하면 각자가 염두에 두고
있는 지고지선(至高至善) 한 가치가 무엇인가에 따라 민주주의가 다르게
정의될 수 있다. 또 다른 이는 민주주의라는 것은 이러한 이념 내지 이데
올로기라기보다는 정치를 하는 어떤 방식 내지 정부를 구성하는 어떤 방
식으로서 체제에 가깝게 이해한다. 이런 식으로 이해된 민주주의는 이념
으로서의 민주주의보다 더 구체적이며 손에 잡히는 측면이 있다. 그리하
여 우리는 현실에 존재하는 여러 정치형태 중 어떤 것이 민주주의인지 아
닌지 보다 용이하게 확인할 수 있다. 이런 경우 민주주의라기보다는 민주
정이라고 부르는 것이 더 어울린다. 또 다른 이는 그것은 단순히 공동체
의 의사결정방식으로 다수결을 의미한다고 보기도 한다. 이런 경우 그것
은 인간 행위의 어떤 한 방식에 불과하며 굳이 정치나 국가를 매개로 하
지 않아도 얼마든지 찾아볼 수 있다. 적어도 3명 이상이 모여서 뭔가를
하려고 할 때 구속력 있는 결정을 내리는 한 가지 방식을 다수결로 정했
다면 그것은 민주주의라고 불러야 할 것이다. 우리가 민주주의라고 할 때,
적어도 이 3가지 중 하나에는 보통 속한다. 어떤 이는 이 3가지가 다 그
게 그것이라는 식으로 애써 구분하지 않고 혼용해 사용하기도 한다.

　　민주주의의 내포적 의미를 정의할 때 다수결 말고 이른바 '자치' 혹
은 '자기지배'라는 단어를 사용하기도 한다. 스스로의 일은 스스로가 결정
한다는 아주 단순한 원칙이다. 하지만 이 역시 세밀히 들여다보면 매우
공허한 용어다. 공동체를 구성하고 사는 무수한 개인들은 완전한 독립체
일 수가 없다. 이들은 결과적으로 어떤 형태로든 타자로부터의 영향을 받
을 수밖에 없다. 엄밀한 의미에서 개인이 자치를 하려면 계약론에서 말하

는 자연 상태이거나 아니면 무정부상태여야만 한다. 따라서 공동체 속에 사는 이상 개인적인 의미에서 자치나 자기지배는 불가능하다. 뒤집어 말하면, 어떠한 형태의 정치체제도 모두 자치는 아니다. 그것은 언제나 타자의 지배이며 다만, 이 타자를 어떻게 설정하느냐의 문제에 따라 차이가 날 뿐이다. 또한, 집단차원에서도 흔히 지방자치 정부라는 말이나 풀뿌리 민주주의라는 말을 사용한다. 이 역시 정확한 표현은 아니다. 중앙정부가 위임한 부차적인 권한이나 세세한 민생 관련 사항들을 해당 집단 단위가 중앙정부의 간섭 없이 처리한다는 의미라면, 이러한 자치개념은 원천적으로 매우 제한적인 자치이다. 여기서 자치의 개념은 따지고 보면 중앙정부라는 외부집단에 의한 간섭의 정도 문제를 이야기하는 것에 불과하다.

이렇게 민주주의라는 용어는 중요한 다른 정치적 용어와의 경계선이 모호하거나 그 자체의 내부 속성조차 명확하지 않은 방식으로 사용되고 있다. 이러한 혼란은 비단 오늘날만의 일이 아니다. 해방 후 어느 일간지에 실린 글에서도 민주주의를 스핑크스에 비유하고 있다. 민주주의는 "'스핑크스'다. 나의 소관으로는 지금 세계 어느 나라에도 진정한 '데모크라시'가 있는 것 같지가 않다. 영국 사람은 '데모크라시'라고 해도 별로 신기로워 하지도 않고, '데모크라틱'하지 않은 일을 척척해도 무방하고 또 그리 함으로서 잘 살고 있는 소련 사람은 대체로 '데모크라시'라는 것을 모르고도 진보적인 '데모크라시' 간판을 세계에 내걸고 있어 '데모크라시'가 세계의 유행이 되고 있는 판국이다. 이 땅 조선에도 '데모크라시'가 아닌 일을 척척하면서 세계에서 '데모크라시'란 말을 제일 많이 쓰는 나라가 되어 '데모크라시'가 실천되기 전에 '데모크라시'가 민중에게서 의심을 받게 되었다(김광섭 1947)." 해방 이후도 오늘날과 마찬가지로 우리나라 사람들이 민주주의라는 말을 아주 많이 사용했나 보다. 하지만 오늘날은 그때와 달리 용어의 혼란에도 불구하고 데모크라시에 대해서 일반인들이 의문을 제기하지 않고 그대로 받아들인다. 그것도 좋은 어떤 것으로 말이다.

대부분의 사람들이 좋은 어떤 것으로 공감대를 형성하고 있는 이 민주주의라는 단어의 의미에 대해서 전혀 합의가 없는 것은 아주 아이러니한 일이다. 이러한 개념의 오늘날 혼란이나 난잡함은 기나긴 역사를 통해 이 단어가 탄생할 때부터 지금까지 의미의 변천을 되짚어볼 때도 그대로 드러난다. 오늘날 우리가 사용하고 있는 의미가 너무 다양한 것은 그 단어가 갖는 고전적 의미와 그 이후 정치적 현실의 변화에 의해서 추가로 채색된 의미가 섞여 있기 때문이다. 이 저서에서는 민주 개념의 고전적 의미를 다시 재조명해 보고 후세대가 덧칠한 부분이 어디인지 그리고 그러한 덧칠이 어떤 맥락에서 누구에 의해 이루어졌는지를 통시적으로 살펴보고자 한다. 이러한 고찰을 통해 현재의 통념을 넘어 다가오는 미래 사회에 부합하는 새로운 민주 개념을 모색하는 데에 이바지하고자 한다.

이번에 출간하는 저서는 서양 민주 개념 통사 중 고대편만 다루게 되지만 이 통사는 후속편에서 계속될 예정이다. 다음 편에서는 근대 사상가들인 홉스, 로크, 루소, 몽테스키외와 보다 현대적인 민주 개념을 정립한 슘페터 등을 다룬다. 한편, 홉스의 주권과 위임 개념을 보다 잘 이해하기 위해 그보다 앞선 사상가인 보댕(Jean Bodin)의 주권 개념과 국체와 정체 구분론에 관해서 예비적으로 먼저 고찰할 계획이다.

모든 통사와 마찬가지로 이 통사 역시 선택적 논의라는 문제를 가지고 있다. 기나긴 역사 속에서 민주 개념을 이야기한 수많은 사람들 중에 누군가는 제외하고 누군가는 포함하여 다루어야 한다. 따라서 선택의 기준이 중요하다. 여기서는 무엇보다 민주 개념에 대한 나름대로의 의미 있는 기여를 한 인물들을 중심으로 선정해 다루어 보았다. 아무리 명망이 높은 사상가라도 민주 개념 자체에 대한 나름대로의 논의가 없거나 민주 개념사에 특별한 기여가 없는 사람들은 제외했다.

민주 개념 통사는 서양사상 일반 통사의 일부이다. 따라서 완벽한 민주 개념 통사는 나의 서양사상 전체에 대한 온전한 연구를 전제로 한다. 하지만 나의 이러한 지식은 여전히 불충분하기에 다른 저자들이 쓴 일반 통사들을 참고해 부족한 부분들을 보완하거나 이해하고자 하였다. 그러한 통사에는 W. A. Dunning의 *A History of Political Theories*(MacMillan Company, 1930), G. H. Sabine and T. L. Thorson의 *A History of Political Theory*(Oxford & IBH, 1973) 그리고 L. Strauss and J. Cropsey 편저서인 *History of Political Philosophy*(Univ of Chicago, 1981)가 들어간다.

마지막으로 사의의 말씀을 드리고 맺고자 한다. 여기서 저자로 표기된 이는 나 혼자이지만 모든 책이 그러하듯이 혼자서 모든 것을 다 하지는 못한다. 14년 전 시작부터 출간까지 직접으로나 간접으로 기여한 분들이 한둘이 아니다. 그중에서 나는 비인기과목인 <정치학고전원서강독>을 수강해 나에게 사소한 철자 교정에서부터 민주 개념에 대한 새로운 통찰력의 원동력까지 제공하여 준 수많은 학생들에게 감사한다. 특히, 2020년 2학기에 초유의 코로나 전염병 공포 속에서도 일부나마 세미나와 워크숍 형태의 교실수업을 수강하면서까지 초고에 대한 단순 교정과 수정제안 및 논평을 해준 학생들에게 심심한 사의를 표하고 싶다. 이들 학생들에 더하여, 나의 한국연구재단 개인 및 공동 연구과제에 참여하여 여러모로 도움을 주고 원고 교정 작업 과정에서 내가 미처 발견하지 못한 문제점들을 지적하여 준 건국대 김한울과 이선영, 이화여대 송지원, 서울대 박광훈과 정현직 학생에게도 고마움을 표하지 않을 수 없다. 또한 박사학위 제자인 중앙선거관리위원회의 문은영 박사가 원고 전체를 꼼꼼히 읽고 재교와 최종 편집 작업을 도맡아주었기에 원고의 완성도가 높아졌음은 두말할 나위가 없다. 원고를 가지고 출판사를 물색하던 중에 박영사가 이번 저서만이 아니라 앞으로 나올 예정인 나머지 두 권 역시 출판을 맡아주기로 해 참으로 고맙게 생각한다. 다른 출판사와 달리 저자에게 많은 재량을 준 출판사 방침을 높이 사고 싶다. 계약부터 최종편집 및 발행까지 수고를 아끼지 아니한 박영사 직원들, 특히 정연환 대리와 편집팀 탁종민 대리와 최은혜 씨에게 감사한다. 끝으로 1980년대 중반 서울대 입학 후 암울한 학내 상황 속에서 진로를 고민할 때 많은 도움말을 주시고 정치학 고전을 선정해 읽게 하고 개인적으로 학문의 세계로 인도해주신 황수익 선생님께 이 자리를 빌려 감사의 말씀을 올리는 것으로 조금이라도 마음의 빚을 덜고 싶다.

이 저서는 2018년 대한민국 교육부와 한국연구재단의 지원(과제번호: NRF-2018S1A5A2A01029039)을 받아 수행되었음을 밝힌다. 모든 장이 연구재단 지원으로 새롭게 작성된 것이며 기존에 출판된 적이 없는 원고이다. 연구재단이 다년도에 걸쳐서 꾸준히 재정지원을 마련해 주지 않았다면 이런 지난한 연구를 끝까지 마무리하기는 불가능했을 것이다. 정치학을 하는 사람으로서 이것은 또한 국민세금으로 운영되는 것을 알기에 납세자들에게도 결국 신세를 진 것이나 다름이 없다고 생각한다. 이 밖에도 원고를 쓰는 동안 코로나 사태로 휴가도 없었던 갑갑한 나날을 견뎌내 준 식구들과 거명은 하지 않았지만 다른 많은 분들께 신세를 졌다. 부족한 부분이나 오류로 문제가 되는 부분이 있다면 모든 책임은 저자가 지고, 도서에 관한 논평은 어떤 식으로든 환영하면서 서문을 맺고자 한다.

2021년 8월 15일

건국대 일감호의 풍경을 내려다보며

최 정욱

목차

제1장

서론: 구성과 개괄

기원전 5세기 그리스
(출처: Wikimedia Commons)

제1장
서론: 구성과 개괄

서양 민주 개념 통사의 전체 구성은 태초에 정치체제에 관해 논의한 헤로도토스(Herodotus)의 『역사』에서 시작해, 공산주의 혁명과 2차 세계대전을 거치면서 나온 슘페터(Joseph A. Schumpeter)의 『자본주의, 사회주의, 민주주의』에서 마치는 것이다. 한 권에 모든 내용을 넣기에는 상당히 긴 기간의 다양한 사상가들을 다루기에 어려운 면이 있어 이 저서에서는 서양 중세 이전까지의 고대 사상가만 다룬다. 그리하여 여기서 다루는 민주주의에 관한 서양의 고전은 헤로도토스의 『역사』, 익명의 저서인 『늙은 과두정치가』, 투키디데스(Thucydides)의 『펠로폰네소스 전쟁사』, 크세노폰(Xenophon)의 『소크라테스 회상록』, 플라톤(Plato)의 『메넥세노스』, *Republic*, 『정치가』, 『법률』, 그리고 아리스토텔레스(Aristotle)의 『정치학』이다. 아리스토텔레스의 정치학을 다루면서 잠시 키케로(Cicero)의 *On the Republic*도 설명하고 있다. 중세 이후에는 민주주의 논의와 관련된 사상가들이 많아서 그중 누구를 선택해 다룰 것인지 심각하게 고민해야 하겠지만, 이 저서에서 다루는 고대의 사상가들 중에는 민주주의에 관해서 의미 있는 논의를 한 이들이 많지 않다. 여기서 언급하는 이들이 거의 전부다. 특히 플라톤의 경우 수많은 저작 중에서 위에 열거한 네 권이 민주정 논의와 관련해 가장 중요하다. 아리스토텔레스의 경우 『니코마코스 윤리학』도 민주정을 다루고 있지만, 따로 떼어서 논의하기에는 부족하다고 보여 별도의 절로 나누어 다루지는 않았다.

　서론에 이어지는 제2장에서는 민주주의에 대한 우리의 통념들을 비판하고, 이런 통념이 형성되기 이전의 민주주의에 대한 고전적 인식을 되살려 보기 위해 고대 그리스 아테네 민주정의 양태를 구체적으로 살펴본다. 이어서 오늘날 민주주의는 간접 민주주의 혹은 대의 민주주의이고, 아테네의 민주주의는 직접 민주주의로 대의 문제가 없다고 인식하는 통념을 바로 잡기 위해 아테네 민주정에서의 대의 문제를 고찰해 본다. 이를 통해 아테네 민주정이 오늘날과 다른 가장 큰 차이는 대의 문제가 없이 모든 시민이 정치를 했다는 것이 아니라 정치에 대한 개방성의 정도였음을 보여준다.

　제3장 제1절에서는 정치체제에 대한 인류 최초의 변론을 보여주는, 헤로도토스의 『역사』에 등장하는 논의를 소개한다. 이 논의에서는 그 어디에도 민주정에 대한 그리스어인 'demokratia'가 나오지 않는다. 그러나 그가 '법 앞의 평등(isonomia)'이라고 부른 체제가 등장하는데 이것은 그리스 아테네의 민주정이 보여주는 양태와 일치한다. 민주 개념 통사의 출발을 장식하는 이 논의는 우리나라에서나 서양사상사에서 그렇게 주목을 받지 못했다. 또한 이 논의는 헤로도토스가 기록하고 있으나, 실제로 그리스인이 아닌 페르시아인들 사이에 일어난 논의를 옮겨 적은 것이다. 그럼에도 불구하고 일인정과 소수정 그리고 다수정에 대한 세 명의 페르시아 귀족이 펼친 변론을 보면 그 수준이 오늘날의 정치체제 논의에 조금도 뒤떨어지지 않는다. 비록 새로운 체제의 성격을 정하는 회의에 참석한 7명의

귀족들은 일인정을 최종적으로 선택했지만, 일인정에 대한 오타네스(Otanes)의 반론과 다수정에 대한 옹호는 눈여겨볼 만하다. 또한 그는 다수정의 채택을 주장하였지만 최종적으로 일인정이 다수결로 선택되었을 때, 새로운 군주를 옹립하는 경쟁에서 스스로 빠지는 대신 새롭게 옹립될 군주의 지배로부터 자유롭게 지낼 권한을 부여해달라고 요구한다. 이것은 법치와 자유의 문제를 제기하므로 시사하는 바가 매우 크다.

이어서 제3장 제2절에서는 아테네 민주정에 대한 역사상 최초의 긍정적 논의라고 볼 수 있는 페리클레스(Pericles)의 추도사에 등장하는 민주정에 대한 기술을 다루고 있다. 이것은 헤로도토스의 제자라고 할 수 있는 투키디데스가 쓴 『펠로폰네소스 전쟁사』에 기록된 짧은 추도사이다. 이 유명한 추도사에서 페리클레스는 전쟁에서 전사한 아테네인들이 스파르타에 대항해 지키고자 했던 민주정을 칭송하고 있다. 그의 민주정에 대한 정의는 당시 아테네인들이 자신의 정체를 민주정으로 이해했던 이유와 상당히 거리가 멀다. 그의 추도사는 오늘날 이른바 어떤 대의 민주주의 체제의 전사자들 앞에서 낭독해도 손색이 없을 정도로 아테네 민주정과 오늘날의 민주정을 구분하기 어렵게 하고 있다. 그는 아테네 민주정이 민주정인 이유는 정부 혹은 통치가 데모스(demos), 즉 민(民)의 통제에 들어 있기 때문이라고 하였다. 결국 그것은 다수에 의한 통치가 아니라 다수를 위한 혹은 다수를 바라보고 하는 통치라고 규정하고 있다. 이외에도 그는 법 앞의 평등, 능력에 따른 출세, 빈부와 무관한 공직 진출, 공사영역에서의 자유, 수준 높은 시민문화를 아테네 민주정의 특징으로 꼽고 있다. 하지만 이런 아테네 민주정에 대한 기술은 당시 상황에 비추어보면 상당히 엘리트적인 재해석이라고 볼 수밖에 없다. 다수를 위해서 통치하고 출생과 재력에 무관하게 능력에 따라 공직을 맡을 기회를 누리며 법을 지키는 한 공사영역에서 자유롭게 지낸다고 하는 사실은 당시만이 아니라 오늘날

의 이른바 간접 민주정에도 찾아볼 수 있다. 특히 능력에 따른 공직진출
이나 다수를 염두에 둔 통치는 귀족정의 특징이었지 결코 아테네 민주정
이 갖는 고유한 특징은 아니다. 그런데 페리클레스는 아테네 민주정에서
비민주적 요소로 남아있던 장군직을 수십 년간 수행한 자신의 처지를
마치 민주정의 대표적인 표본인 양 추도사에 집어넣고 있는 것이다.

　　제3장의 마지막 절에서는 『늙은 과두정치가』에 나오는 민주정에 대
한 평을 다루고 있다. 이 익명의 저술은 비록 분량이 많지 않지만, 사실상
아테네 민주정에 대한 최초의 비난서라고 해도 무방하다. 그것도 매우 신
랄한 비판에 가깝다. 특히 여기서 민주정은 가난뱅이들의 축제로 묘사되
고 있으며 아테네 이외의 다른 그리스 도시국가들에 대한 제국주의적 착
취에 기반해 운영되고 있다고 토로하고 있다.

　　제4장에서는 고대 최초의 의미 있는 정치사상가라고 볼 수 있는 플
라톤의 초기 저작에 나오는 민주주의 개념을 다룬다. 그의 초기 저술에는
스승인 소크라테스의 사상이 많이 배어 나오기 때문에 그의 초기 사상을
이해하기 위해서는 소크라테스의 사상을 이해할 필요가 있다. 이런 이유
로 소크라테스가 보여준 정치적인 단상들을 먼저 검토해 본다. 소크라테
스의 정치적 사상을 논하기는 쉽지 않다. 가장 문제가 되는 것은 동서양
의 초기 사상가들이 그렇듯이 그는 스스로 저술 작업을 한 적이 없으며
후학들이 사후에 편집해 전하는 글들이 전부라는 점이다. 이렇게 전해지
는 어록 중에서 여기서는 그의 제자인 크세노폰이 비교적 사실에 충실하
여 기록한 『소크라테스 회상록』에서 발견할 수 있는 생각들을 짚어본다.
소크라테스의 사상에서 가장 중요한 핵심은 정치는 전문가에게 맡겨야 한
다는 것이다. 이것은 당시 민주정에서 사실상 아무나 정치를 할 수 있는
상황에 비추어보면 매우 반체제적인 발상이나 다름없다. 또한, 그는 일반
시민은 통치자와 법에 복종하는 것이 미덕이라고 보았다. 이러한 사고는

오늘날의 대의 민주주의 체제에서 시민들은 정치를 전문가들에게 맡기고 법을 준수해야 한다는 논자들의 주장과 일맥상통한다.

　이런 소크라테스의 핵심사상은 플라톤의 초기 저작인 『메넥세노스』에 상당한 영향을 미쳤다. 『메넥세노스』에서 플라톤은 어쩌면 스승보다 더 극단적이다. 그에 따르면 당시 아테네의 정치체제는 민주정이 아니라 오히려 귀족정이라고 봐야 한다. 그는 『메넥세노스』에서 페리클레스와 비슷한 기준으로 아테네의 민주정을 평가하면서도, 그와 달리 그 체제를 민주정이 아니라 귀족정이라고 명한다. 페리클레스나 『메넥세노스』에 등장하는 소크라테스나 둘 다 같은 스승에게 배웠고 이 두 명의 연설문 텍스트 역시 출처가 비슷하다고 한다. 다만, 페리클레스는 동등한 시민들 간에 차별을 두지 않고 능력에 의해서 하는 정치를 민주정이라고 한 반면에, 『메넥세노스』에 등장하는 소크라테스는 다른 논자들이 뭐라고 부르든 간에 아테네의 정치는 태생적으로 상호 동등한 민중에 의해서 통제를 받음에도 불구하고 항상 귀족정, 즉 뛰어난 자들에 의한 통치였다고 주장한다.

　제5장에서는 중후기 플라톤의 민주정에 관한 담론을 엿볼 수 있는 대표작인 Republic, 『정치가』와 『법률』을 다룬다. 특히 민주정과 관련해 가장 체계적인 플라톤의 논의는 『정치가』에 등장한다. 플라톤의 전반적인 철학사상을 가장 잘 보여주는 저작 Republic은 영어의 'commonwealth'로도 번역되곤 하는 그리스어 'politeia'의 번역어이다. 이것은 오늘날 많은 사람들이 사용하듯이 군주정과 반대되는 공화국이라는 의미가 아니고, 정치공동체 조직 전반을 의미하기에 종종 국가로 번역된다. 하지만 국가는 좁게는 정부와 혼동될 염려가 있고, 넓게는 나라와 혼동될 염려가 있다. 그렇기 때문에 여기서는 한글로 번역하지 않고 그냥 영어 번역 제목 그대로 두었다. 보다 정확한 번역은 아마도 오늘날 나라에 해당하는 폴리스(polis)인 정치공동체를 조직하는 방식 혹은 정치체제라고 봐야 할 것이다. 여기서 그는

초기 저작과 마찬가지로 소크라테스의 입을 빌어 정치공동체의 기원과 직능별 분화 및 능력제일주의를 주장하고 있다. 그는 정치를 담당하는 특별한 계급이 있으며 이런 직능별 분화를 거부하는 대표적인 정치체제가 민주정이라고 비난한다. 민주정은 아무나 정치를 하고 심지어 하지 말아야 할 사람도 마음만 먹으면 정치를 할 수 있을 정도로 어떤 규제나 법률도 구속력이 없는 완전히 자유로운 공간이다. 그것은 능력과 무관하게 모든 이를 동등하게 취급하고 온갖 종류의 인간들이 존재하는 무정부의 체제이다. 다만, 이런 체제는 통치자 혼자만 진정으로 자유로운 1인 폭정보다 조금 나을 뿐이다. 또한, 우리가 흔히 아는 것과 달리 플라톤의 이상형 체제인 철인왕 체제는 반드시 1인 지배체제가 아니다. 철인왕은 다수가 될 수는 없지만 1인이 될 수도 있고 소수가 될 수도 있다. 그에 따라 통치자의 수로 보면 철인왕 체제는 군주정도 될 수 있고, 귀족정도 될 수 있다.

　　이어서 플라톤의 또 다른 정치체제론을 살펴볼 수 있는 『정치가』를 다룬다. 이 저작은 *Republic*에서의 주장처럼 정치적 전문지식 내지 기술을 가진 사람만이 통치해야 한다고 할 때 이런 통치 전문지식 내지 기술은 무엇인가를 논하고 있다. 하지만 우리의 시각에서 『정치가』가 더 중요한 이유는 그의 모든 저술 중에서 정치체제론의 가장 완결된 형태를 이 저작에서 찾아볼 수 있기 때문이다. 여기서 완결되었다는 것은 다른 곳에서 찾아볼 수 없는 완전한 형태의 정치체제 분류를 찾아볼 수 있다는 의미이다. 따라서 민주정에 대한 그의 평가를 다른 체제와 비교해 분명하게 알아볼 수 있다. *Republic*이나 그의 다른 저작에서는 정치체제에 대한 정의가 모호하며 체제를 분류하는 기준이 체계적이지 않고 임의적이거나 자의적이다. 개별 체제를 정의하는 기준도 일관성이 없다. 이에 반해 『정치가』에서는 정치체제를 분류하는 기준으로 지배자의 수와 법의 준수 여부를 명확히 제시한 후에 현실적으로 존재 가능한 모든 체제를 6개로 구분한다.

*Republic*의 철인왕에 해당하는 참된 지식을 가진 자가 통치한다면 통치자의 수나 법치 여부는 중요하지 않다. 이것은 명의가 의술책의 처방에 연연하지 않는 것과 마찬가지다. 하지만 이런 참된 통치지식을 가진 자가 실제로 없다면 차선책으로 최선의 정치체제를 모방해야만 하고, 이런 모방은 올바른 정치체제를 닮은 성문법과 관습을 만들고 절대적으로 준수하며 통치하는 것을 의미한다. 이런 모방의 정치체제는 통치자의 수에 따라서 왕정, 귀족정, 그리고 법을 따르는 민주정으로 나뉠 수 있다. 다른 한편, 올바른 지식이 없음에도 참된 통치술을 구가한다고 참칭하고 법을 기꺼이 위반하며 통치하는 체제가 있는데 이 역시 통치자의 수에 따라 각각 독재정, 과두정, 그리고 법을 지키지 않는 민주정으로 구분된다고 한다.

이런 1+6 체제구분론에서 보면, 민주정은 법의 준수 여부에 따라 참된 정치체제를 모방하는 것일 수도 있고 그것을 참칭하는 것이 될 수도 있다. 그리하여 플라톤은 *Republic*에서 이상적인 정치체제와 비교할 때 두 번째로 최악인 체제로 규정하였던 무질서한 민주정의 개념에다 법치가 이루어지는 민주정을 실현 가능한 정치체제로 추가로 제시하고 있다. 이렇게 서로 다른 두 가지의 민주정이 존재하기에 그에 대한 평가 역시 다르다. 법치가 이루어지는 민주정은 다른 두 개의 법치체제인 왕정과 귀족정보다 못하며, 세 개의 무법체제 중에서는 그래도 가장 낫다고 본다. 다수정으로서의 민주정은 절대적 이상체제도 아니고 현실성 있는 6개의 체제 중 최선의 정치체제도 아니며 최악의 정치체제도 아니다. 그저 무난한 정치체제이다. 그 이유는 민주정에서는 지배자의 수가 많기 때문에 공직이 미세하게 분산되어 좋은 쪽으로든 나쁜 쪽으로든 큰일을 벌이기가 어렵다고 보았기 때문이다. 이에 반해 일인정은 만약 법치만 될 수 있다면 최선의 체제이며 통치자가 혼자 나쁜 마음만 먹는다면 어떤 일이든 나쁜 짓을 할 수 있기 때문에 또한 최악의 체제가 될 수도 있다.

제5장의 마지막 절은 플라톤의 저술 중 가장 두껍지만, 우리 주제와 어쩌면 가장 연관이 낮은 유작인『법률』에 관한 부분이다. *Republic*은 절대 지식을 가진 자의 통치를 주장하고『정치가』는 이런 자가 존재하지 않는다면 차선으로 법률에 의한 통치를 해야 한다고 주장한다. 그리고 그의 마지막 저술인『법률』은 이런 일반 원칙에 해당하는 법의 통치를 한다고 할 때 구체적으로 어떤 법률을 제정해야 하는지를 다룬다고 볼 수 있다. 이렇다보니『법률』은 정치체제론이라고 보기 어렵다. 다만, 여기서 우리는 그의 제자인 아리스토텔레스가 보다 체계화한 정치체제론의 초기 형태를 볼 수 있다. 특히 플라톤의 혼합정 이론이나, 지배층이 누구든 몇 명이든 자신들의 이익을 도모하는 정치체제는 진정한 정치체제가 아니라 파당 체제라고 규정해 공익 도모 여부로 좋은 체제와 나쁜 체제를 구분하는 것은 아리스토텔레스에 의해 계승되고 있다. 물론 구체적인 내용에서는 아리스토텔레스의 이론과 다르다.

플라톤의 경우『법률』에서 정치체제에 관해 일관성 있는 논의를 전개하지 못하고 있다. 우선 그는 모든 정치체제의 모태가 되는 두 가지 체제가 존재한다고 보는데 그 두 가지는 군주정과 민주정이다. 그 외 다른 모든 정치체제는 이 두 가지의 변형에 불과하다. 그리고 제대로 된 체제를 만들기 위해서는 이 두 가지 체제 각각이 가진 요소, 즉 지성과 자유를 결합하는 것이 중요하다고 보는데, 실제 논의에서는 이 두 가지가 민주정이 가지고 있는 자유와 그에 반대되는 복종의 절충 문제로 변질된다. 그리하여 군주정은 지나치게 복속만을 강조하고 민주정은 극단적으로 자유만 강조하는 것으로 기술된다. 전자는 페르시아가 대표하고 후자는 아테네가 대표한다. 그에게 민주정은 여전히 이상적인 체제가 아니며 그것은 뭔가 다른 요소와의 결합을 통해서 올바른 체제가 될 수 있다. 여기서 어떻게 결합을 하느냐가 중요하다. 그에 따르면 민주정, 과두정이나 독재정에서는 이런 결합이 일어나지 않는데, 왜냐하면 그곳에서는 누가 지배하는지 분명히 드러나기 때문이다. 반면 제대로 혼합된 체제에서는 지배자와 피지배자가 구분되지 않는다. 누가 지배층이고 누가 피지배층인지 단정하기 어렵게 결합되어 있기 때문에, 역설적으로 오로지 법의 지배만 있을 뿐이다. 이에 반해 기존의 모든 체제는 지배자들의 특성이나 지배자 집단의 이름을 따서 불리며 지배자들의 이익만을 추구하는 특정 파당체제일 뿐이다.

마지막 제6장에서는 고대의 정치사상을 총결산하고 동시에 후대의 정치사상에 가교 역할을 하고 있는 아리스토텔레스의 『정치학』을 다룬다. 이 저술은 최초의 체계적인 정치학 원론서로 보아도 무방하다. 그만큼 정통적인 정치학 문제 전반에 걸쳐서 골고루 다루면서 단순히 자기주장만 늘어놓은 것이 아니라 당시 경험적 자료와 타인의 주장들을 동시에 실어 논의의 객관성을 유지하고 있다. 또한 우리의 주 관심사인 정치체제와 관련해서도 최초의 정치체제 교과서라고 할 만큼 정치체제에 관한 정의, 체계적인 분류, 그리고 정치체제 변동론 등을 담고 있다.

아리스토텔레스에게 정치공동체(polis)는 우선 정치체제(politeia)와 구분되며, 이것은 정치적 혹은 사회적인 인간이 인간본성 혹은 인간다움을 실현하기 위해서 만든 최고 단계의 온전한 공동체이다. 정치공동체의 구성원은 동등한 시민이기 때문에 노예와 주인처럼 불평등한 착취 관계에 놓여있지 않으며 부모와 자식처럼 일방적인 보호 관계에 있는 것도 아니다. 정치공동체의 시민은 오로지 다른 동등한 시민들의 이익을 보호할 목적으로 지배와 피지배의 관계를 맺고 있을 뿐이다. 따라서 모든 정상적인 정치공동체의 지배와 피지배는 피지배층의 이익이나 지배층과 피지배층 공동의 이익을 위한 것이다. 지배층 자신의 이익만을 도모하는 것은 진정한 공동체가 아니라 왜곡된 공동체이다. 아리스토텔레스는 이러한 정치공동체에서 최고의 권력을 행사하는 통치자의 수를 가지고 정치체제를 크게 1인, 소수, 다수가 지배하는 체제로 구분한다. 그 후 앞서 언급한 기준으로 정상적인 혹은 올바른 체제인가의 여부에 따라 다시 세 가지로 구분해 총 여섯 개의 체제를 논리적으로 이끌어낸다. 그리하여 올바른 체제로는 통치자의 수가 적은 순서대로 왕정, 귀족정, 그리고 폴리테이아라고 명명하였고, 지배층의 사익을 도모하는 왜곡된 체제로는 올바른 체제 각각에 대응해 1인 폭정, 과두정, 그리고 민주정이라고 했다. 여기서 두드러지는 것은 올바른 다수정 체제를 민주정이 아니라 정치체제 일반에 해당하는 폴리테이아라고 불렀다는 것이고, 민주정은 다수가 소수의 이익을 무시하고 자신들의 이익을 추구하는 왜곡된 체제로 규정했다는 것이다. 이러한 규정은 플라톤의 『정치가』에 나오는 법의 준수 여부를 공익 추구로 대체하거나, 『법률』에 나오는 공익 추구 여부라는 기준을 발전시킨 것이라고 볼 수 있다. 하지만 그의 스승과 마찬가지로 민주정에 대한 부정적인 시각은 여전히 유지하고 있다.

아리스토텔레스는 통치자의 수와 공익 추구 여부라는 기준을 가지고 하는 이차원적인 체제구분법 이외에도 두 가지 구분법을 더 제시하고 있다. 그것은 수와 빈부에 의거한 구분과, 세 개의 중요한 체제의 기능과 관련해 체제를 운영하는 방식에 따른 구분이다. 두 번째 체제 구분법에서는 공익 추구라는 관념론적인 기준을 버리고 당시 현실정치에서 정치적 대결의 양축을 형성하고 있었던 민주정과 과두정, 두 개의 체제를 보다 경험적 근거에 의해 논의한다. 관념론적인 구분에 따르면 이 둘은 모두 나쁜 체제 혹은 왜곡된 체제이다. 경험적 논의에서도 여전히 그는 이 두 개의 체제를 좋은 체제가 아닌 것으로 평가하지만 이런 좋고 나쁨의 차원을 떠나서 이 두 개의 체제를 구분하는 기준을 새로이 제시한다. 그것은 통치자의 수와 빈부 여부이다. 그는 민주정과 과두정을 면밀히 관찰하면 이 둘은 통념적으로 이야기되는 것처럼 결코 단순히 통치자의 수가 많고 적음에 따라 구분되지 않는다고 본다. 오히려 이런 통치자의 수는 통치 집단의 부차적이거나 우연한 속성일 수도 있다. 정치투쟁이나 갈등의 양상을 살펴볼 때 명목적인 수보다는 가난한 자와 부유한 자들 간의 계급투쟁이 체제 갈등의 본질이다. 이를 감안하면 민주정은 다수의 가난한 자들이 통치하는 것이라고 규정하는 편이 보다 정확할 것이다. 예를 들어, 다수의 잘 생기지 않은 사람들이 통치한다고 그게 민주정이 되는 것은 아니다. 빈부 격차로 인한 첨예한 정치적 갈등과 그의 극복이라는 시각에서 바라보면, 아리스토텔레스가 말하는 폴리테이아는 다수가 피지배자(소수)의 이익 내지 공익을 위해서 통치하는 체제가 아니라 빈민이 지배하는 민주정과 부자들이 지배하는 과두정의 혼합정 내지 중도노선으로 중산계층이 지배하는 체제로 제시된다.

마지막으로 아리스토텔레스는 정부의 기능 혹은 통치 권력을 최고 권력인 심의기능(deliberative power)과 집행기능, 그리고 사법기능으로 구분하고 있는데 이 세 가지 기능을 누가, 어떻게 처리하느냐에 따라 다양한 정치체제가 나올 수 있다. 예를 들어 심의기능의 경우 어떤 문제에 대해 누가 심의하느냐에 따라 체제가 달라진다. 극단적인 민주정의 경우 모든 문제를 모든 사람에게 개방해 결정하도록 한다. 반면에 과두정은 소수의 시민이 모든 문제에 대해 심의하는 것이고, 귀족정은 소수의 시민이 소수의 문제를 심의하며 나머지 문제는 선거로 선발된 공무수행원들이 심의하는 것이다. 모든 문제를 선거로 뽑힌 소수와 무작위로 추출된 사람들이 함께 심의한다면 이것은 폴리테이아이다. 나아가 심의를 수행하는 방식이나 주체가 보다 세분화 될 수 있기 때문에 각각의 정치체제는 더욱더 다양한 형태로 구분될 수 있다. 여기에다 집행기능과 사법기능의 처리방식과 주체를 더하면 수많은 조합이 가능하고 체제는 그만큼 수많은 변형이 나올 수 있다.

아리스토텔레스의 이 마지막 세 번째 체제 구분법에서는 어떤 체제를 단일한 통일체로 보는 것이 아니라 다양한 기능이나 속성의 복합체로 보아서, 같은 민주정 아래서도 좀 더 민주적인 체제가 가능하고 좀 덜 민주적인 체제가 가능하게 된다. 이것은 체제의 선택이 모 아니면 도라는 식의 극단적인 대결구도가 아니라 타협의 여지를 남겨준다는 의미에서 매우 중요하다. 폴리테이아에 초점을 맞추어서 보면, 세 번째 체제분류 기준의 경우 하나의 독립적인 혼합정 체제로서의 폴리테이아만이 아니라 다양한 독립체제 간의 수많은 혼합가능성을 열어둠으로써 민주정 안에서도 '폴리테이아'가 존재할 수 있게 되는 것이다.

정치체제 논의와 관련해 아리스토텔레스는 또한, 오늘날 영어의 'republic'이나 'commonwealth'로 종종 번역되는 용어인 폴리테이아를 독자적인 정치체제로 이해하기도 하고 단순히 정치공동체조직 일반으로 이해하기도 하는 개념적 혼란의 단초를 제공한 인물이다. 그는 그 이전까지 정치체제 일반을 의미했던 폴리테이아라는 단어를 정치체제 일반을 지칭하기 위한 용도로만이 아니라 다른 정치체제와 대립되는 독자적인 정치체제를 부르는 이름으로 사용하기도 한다. 특히 후자의 경우 그것은 다수 빈민의 폭정이나 다름이 없는 민주정에 대칭되는 체제로 공익을 추구하는 다수의 지배체제이거나, 민주정과 과두정의 중간 정도에 놓인 체제로서 중산층이 지배하는 체제이거나 이 두 가지 체제의 속성이 뒤섞여 운영되는 체제이다.

종합적으로 볼 때, 아테네 민주정과 관련해 당시대의 저술가들은 매우 부정적인 평가를 내리고 있다. 헤로도토스의 경우 페르시아인인 오타네스를 인용해 내용상 민주정에 해당하는 체제를 최초로 언급했지만 그 이름을 민주정이라고 부르지 않았다. 투키디데스의 경우 페리클레스의 입을 빌어 민주정을 칭송하지만 면밀히 분석하면 그것은 아테네 당시 민주정의 본질에서 벗어난 측면을 부각해 독자로 하여금 당시 체제의 모습을 상당히 오해하게 만드는 측면이 있다. 익명의 저자인 늙은 과두 정치가는 당시 민주정을 신랄하게 비판하면서 무지하고 자기이익만 추구하는 빈민들이 훌륭한 시민인 귀족들을 폭압하고 아테네인이 아닌 다른 그리스인들을 제국주의적으로 착취하는 제도라고 했다. 플라톤 역시 자신의 저작 어디에도 민주정을 긍정적으로 평가하지 않는다. 그는 초기 저작에서 소크라테스의 입을 빌어 그리스 아테네의 '민주정'을 태생이 동일하다는 이유로 상호평등하다고 여기는 시민들이 가장 뛰어난 능력을 가진 사람들로 하여금 통치하도록 허용하는 귀족정이라고 규정했다. 이런 시민의 평등의식과 능력 위주의 공무수행 체제는 태생이 다른 사람들이 섞여 있는 페르시아인이나 야만적인 족속들한테서는 어울리지 않는 것이라고 했다. 중후기 저작들 역시 민주정을 최악 직전의 체제로 평가하거나, 최악도 아니지만 그렇다고 최선도 될 수 없는 그저 무난한 체제로 평가하거나, 지배층의 이익만 추구하는 파당체제 중 하나라고 보았다. 다른 이들에 비해 아리스토텔레스는 민주정을 조금 덜 부정적으로 평가했지만, 그 역시 민주정은 바람직하지 않다고 보았다. 그에게 민주정은 빈민들이 최고 권력을 행사하면서 자기집단의 이익을 도모하는 체제이거나, 질적인 차이를 고려하지 않는 산술적인 평등 개념에 기반해 마련된 수적인 우위를 가지고 지배하는 체제이다. 또한 민주정은 이상적으로는 어떤 정부 간섭으로부터도 자유를 추구하며, 차선책으로는 지배와 피지배의 순환에 의한 자유를 추구하는 체제이다.

오늘날 우리는 고대 아테네 민주정이 이상적이지만 인구와 영역의 광대함으로 인해 어쩔 수 없이 대의 민주정을 한다고 아쉬워한다. 하지만 정작 아테네 민주정을 그 당시에 기록한 인물들은 그에 대해 한결 같이 긍정적이지 않았다. 여기서 다루는 고대 인물들이 오늘날 환생한다면 아

마도 페리클레스를 제외하고는 모두들 오늘날 대한민국 정치체제를 민주
정이 아니라고 하겠지만, 자신들이 속했던 고대 민주정보다 현재의 정치
체제를 더 훌륭한 체제로 평가할지 모른다. 이들 고대 사상가나 저자는
현대를 더 높이 평가할 것인데 반해, 오늘날 살아가는 우리들은 과거를
더 이상적으로 간주한다면 이것은 역사적 아이러니가 아닐 수 없다. 오늘
날 우리는 고대 아테네의 민주정을 이상적인 체제로 보고, 지금의 이른바
대의 민주정을 정치사회적 현실과 어쩔 수 없이 타협한 결과 만들어진 비
이상적인 체제로 인식하는 경향이 있다.

고대 아테네 민주주의와
현재의 민주주의: 오해와 이해

프닉스 언덕에서 바라 본 아테네 구도심과 아크로폴리스
ⓒ 저자

제 2 장

고대 아테네 민주주의와
현재의 민주주의: 오해와 이해

2.1 민주주의 통념들과 비판

　'민주주의가 무엇이냐?' 물었을 때 일상적으로 우리가 가장 흔히 듣는 대답은 첫째, 민(民)이 주인인 나라 혹은 민이 통치하는 나라라는 것이다. 또는 주권이 국민에게 있는 나라라는 것이다. 이런 정의 아닌 정의는 모두 민주(民主)라는 한자를 단순히 우리말로 풀어 놓은 것뿐이다. 물론 많은 사람들이 민주라는 한자의 전근대적 의미가 민의 진정한 주인이었던 왕을 지칭했던 것임을 전혀 알지 못하겠지만, 이것은 별개의 문제이다. 나름대로 더 찾아본 사람들은 민주주의의 영어 표현이 'democracy'이고 이 단어는 그리스어에서 민에 해당하는 'demos'와 주 혹은 통치에 해당하는 'kratia'에서 기원했다고 할 것이다. 하지만 이런 어원적 설명 역시 democracy가 무엇인지를 정확하게 정의하지 않는다. 오히려 추가적인 의문을 남길 뿐이다. 여기서 'demos'는 누구이며 'kratia'란 무엇을 의미하는

가라는 질문에 온전히 답할 때에만 우리는 그 의미를 제대로 파악할 수 있을 것이다.

둘째, 민주주의가 무엇이냐 물으면 링컨(Abraham Lincoln)이 남북전쟁에서 죽어간 자들을 위해서 한 게티스버그 연설(Gettysberg Address)의 유명한 마지막 구절을 인용해 '국민의, 국민에 의한, 국민을 위한 정부(of the people, by the people, for the people)'라고 하는 사람들도 많다. 우선 민주주의와 관련해 짧지만 아주 유명한 두 개의 글이 조국을 위해 죽은 자들을 위해 작성한 추모사라는 것은 우연의 일치치고는 너무나 흥미로운 사실이다. 하나는 아테네의 통치자였던 페리클레스가 같은 그리스 종족들인 스파르타 동맹과 싸우다가 전사한 자국민들의 무덤 앞에서 한 연설이고, 다른 하나가 미국 남북전쟁의 북측 망자들을 위해서 링컨이 한 추도사이다. 이 링컨의 추도사 구문을 인용하는 것은 앞에서 민주주의를 단순히 우리말로 풀어서 말하는 것보다 더 진일보한 표현이지만 여전히 우리가 민주주의가 무엇이냐고 물을 때 그에 대한 답으로는 부족하다. 오히려 그것은 근대 이전에 민주주의 전통이 전혀 없었던 우리나라나 아시아 국가 사람들이 민주주의를 더 오해하게 만드는 구절이 되어 버렸다. 원래 고대 서양에서 민주주의란 통치의 주체(by the people)에 관한 것이었다. 그런데 게티스버그 연설은 여기에 통치 대상 혹은 목표(for the people) 그리고 통치권의 소유 대상 혹은 통치 주체와 통치권 소유자의 분리 가능(of the people)까지도 허용하는 것으로 개념을 확장시켜 버렸다. 그 결과 비록 국민이 통치하지 않아도 국민을 위해서 통치하거나 국민을 대신해 통치한다면 민주주의라는 왜곡된 민주주의 개념이 나올 수 있게 된 것이다. 이런 오해 탓에 우리나라 사람들 중 일부는 여전히 이른바 왕이 베푸는 성군사상이나, 왕이 백성을 위하는 위민사상이나, 민이 나라의 근본이라는 민본주의 사상을 우리가 물려받은 소중한 민주주의 전통으로 간주하기도 한다.

하지만 우리나라에서는 백성이 지배한다는 사고(by the people)를 펼친 고대 사상가를 찾아볼 수 없다.

　　세 번째로 아주 흔히 접할 수 있는 민주주의 개념은 민주주의와 자유를 동일시하거나 혼동하는 것이다. 즉, 민주주의 체제는 개인의 자유가 보장되는 체제라거나 자유를 존중하는 체제라는 식으로 이해하는 것이다. 이는 우리가 흔히 반공을 국시로 삼아 반자유주의 진영은 민주주의가 제대로 실현되지 않는다고 교육받아왔거나 자유진영과 민주진영을 동일시하는 정치선전과 분위기에서 자라왔던 것과도 무관하지 않다. 또한 오늘날 우리나라 헌법의 기본질서로 규정한 자유민주도 이런 사고를 반영한 것으로 보인다.1) 그러나 사상가인 존 스튜어트 밀(John Stuart Mill)의 『자유론』을 여기서 거론하지 않더라도 우리는 자유와 민주가 같은 것이 아니라 심하게는 서로 상충하는 관계이거나 적어도 긴장관계에 놓여있음을 안다. 이른바 프롤레타리아 독재라는 좌익들의 자랑스러운 표현이나 우익진영 내의 자유주의자들이 사용하는 다수의 폭정이라는 표현은 모두 다수정으로서의 민주주의가 자유와 상충관계에 있음을 시사하는 것이다. 현실적으로 역사를 돌아볼 때, 그것이 인민이든 공공선이든 다수의 이름으로 짓밟은 자유가 일인지배자가 훼손한 자유보다 결코 적다고 할 수 없을 것이다.

　　우리를 혼란스럽게 하는 또 다른 점은 사람들이 민주주의를 정의하려고 할 때 공화주의를 언급하는 경우가 종종 있다는 것이다. 민주와 공화(共和)의 관계는 실로 한 마디로 규정하기 어려운 문제이다. 이것은 민주와 공화를 각각 어떻게 인식하느냐와 연관된 문제로 혹자는 둘 간에 아무런 차이가 없다고 하고 혹자는 서로 이질적이라고 본다. 이는 우리나라 헌

---

1) 자유민주적 기본질서라는 표현은 헌법 전문의 일부인 "자율과 조화를 바탕으로 자유민주적 기본질서를 더욱 확고히 하여"라는 구절에 등장하고, 헌법 제4조 "대한민국은 통일을 지향하며 자유민주적 기본질서에 입각한 평화적 통일 정책을 수립하고 이를 추진한다"에도 등장한다.

법에 명시된 민주공화국이라는 표현에서 민주공화를 이해하는 것과도 관련된 것인데, 이 4개의 글자가 다 같이 「헌법」 제1조제2항인 '대한민국의 주권은 국민에게 있고 모든 권력은 국민으로부터 나온다'는 것을 의미한다고 본다면 민주와 공화는 별반 차이가 없다. 즉, 민주나 공화는 그저 권력의 원천인 '국민의(of the people)'에 관한 규정에 불과하다고 본다. 하지만 민주정치를 다수정으로 규정하는 순간 우리는 소수와 다수 간 공익의 문제와, 소수의 자유와 권리를 고민하게 된다. 후자의 문제는 주로 자유주의자의 고민이지만, 전자의 문제는 공화주의자의 고민이다. 공화주의자들에게는 정치의 지고선(至高善)이 공공선의 실현과 공동체 전체의 이익 추구에 있는데, 이런 공공선(公共善)이 결코 다수의 이익과 동일할 수 없기 때문이다. 이와 더불어 우리를 더욱더 혼란스럽게 하는 것은 서양에서 'republic'이라는 말이 처음 사용된 경우를 보면 군주정에 대항하는 정치체제라기보다는 군주정도 포함하는 정치체제 일반을 가리키는 말로 사용되었다는 점이다(예를 들어 Cicero 2014, p.61). 즉, 모든 정치는 공적인 것이고 이 공적인 것은 다 'republic'이며, 이 'republic'의 운영방식에 여러 가지 정치체제가 있는 것으로 보았던 것이다. 이런 시각에서 본다면, 우리나라 국호에서처럼 'republic'을 군주정에 대칭되는 공화정으로 사용하는 것은 개념의 새로운 근대적 창조라고 할 수밖에 없을 것이다.

현대인들이 만들어낸 또 하나의 개념적 혼란은 경제 민주화 내지 경제 민주주의이다. 이 개념이 정확히 무엇을 의미하는지 모호하지만, 정치 영역과 구분되는 경제 영역에서나 특정 회사 운영에 있어서 노동자 또는 일반대중의 참여나 참여의 확대를 의미하는 것으로 이해할 수 있다. 다시 말해 경제 분야 혹은 생산 영역에서 생산의 주체나 일반대중이 직접 경영까지 하거나 적어도 그에 대한 영향력을 미치는 것을 의미한다고 볼 수 있다. 그렇다면, 일반대중의 지배 개념을 정치 영역만이 아니라 경제 영역까지 확장하는 것인데 이는 고전적인 민주 개념으로 보면 매우 낯선 것이다. 그리스 사상가 어느 누구도 일반대중이 사적인 영역인 생산 영역에까지 가타부타하는 것을 바람직하다고 제시한 적이 없다. 일반대중에 의한 경제 지배 개념이 아니라 생산자에 의한 경제 지배 개념이라는 측면에서 보면, 그리스 사상가들은 생산을 하기 때문에 생산 영역의 경영에 참여하거나 혹은 생산물에 대한 소유권을 부여받아야 한다는 발상을 하지 못했다. 이들에게는 가구(oikos)가 담당하는 생산 영역은 정치의 영역과 구분되어 있을 뿐만 아니라, 그 영역에서 노동자들이 노동하기 때문에 이들이 정치적으로 지배하여야 한다는 개념은 존재하지 않았다. 사람들이 정치를 하거나 시민의 권리를 부여받는 것은 생산자로서의 사회 기여도와는 아무런 상관이 없었다. 오히려 농업을 제외하고 생산자로서의 역할은 시민이 하지 않는 것이 더 바람직하다고 보았다. 동서양을 막론하고 상공업을 천시한 것은 역사적 사실이다. 자급자족의 농업 경작을 제외한 생산이나 상업 활동은 그 당시 노예나 여자들 혹은 거류 외국인들이 주로 담당하였고, 농업만 일반시민들이 주로 담당했다. 이렇게 시민들이 생산에 참여한 경우에도 시민의 자격으로 생산에 참여한 것이 아니었고, 또한 생산자로서의 기능 때문에 시민권이 부여된 것도 아니었다. 시민이나 민주 개념은 생산 활동과 결부되어 사용되지 않았고 어디까지나 공적인 영역의 운영 혹은 공동체의 복리와 관련된 문제로 간주되었다. 시민은 어디까지나 근대적인 영역 구분법으로 볼 때 '정치적인' 개념에 불과했다.

또한, 우리는 민주주의와 관련해 토의 민주주의 혹은 숙의 민주주의라는 말을 심심찮게 듣는다. 이런 민주주의 인식의 핵심은 결과가 아니라 결과에 이르는 과정에서 충분히 토의하거나 숙의를 거친 후 내린 결론이라면 민주적 정당성을 확보했다고 볼 수 있다는 것이다. 피쉬킨(James S. Fishkin)이 내세우는 것과 같은 숙의 민주주의 모형은 이른바 무식하거나 즉자적으로 반응하는 대중에 의한 통치가 아니라, 보다 세련된 대중에 의한 통치를 가능하게 한다는 점에서 의미가 있을 수도 있다(Fishkin 1991). 또한, 이런 숙의 민주주의 모형도 알고 보면 아테네 민회에서 기본적인 아이디어를 가져온 것이다. 그러나 그리스 민회가 분명 충분한 토론과 논쟁을 통해 사안을 결정한 것은 사실이지만, 이것 자체가 민주주의와 동일시되는 것은 무리이다. 예를 들어, 같은 아테네 민주정에서 민회와 달리 인민(혹은 대중)재판원단에서는 피고와 원고가 각자 의견을 개진하고 재판원들은 별도의 질의나 토의 없이 유무죄를 판별해 결론을 내렸다. 이렇다고 해서 인민재판원단이 민회에 비해 덜 민주적이라고 말하기는 어렵다. 즉, 토론이나 숙의는 의사결정을 내리는 과정에 들어가는 하나의 방편일 뿐이지 그것 자체가 민주주의냐 아니냐를 결정하는 리트머스 시험지가 될 수 없다.

　추가로 이야기해 보고자 하는 통념은 바로 간접 민주주의 혹은 대의 민주주의라는 표현과 관련된 것이다. 이런 표현 자체가 등장한 것은 결코 오래되지 않았다. 1700년대 후반에 와서야 비로소 미국에서 처음 등장했다.[2] 이런 통념의 핵심은 첫째, 과거에는 민이 직접 통치했는데 요즘은 선거를 통해 누군가를 뽑아 대신 통치하게 한다는 것이고, 둘째는 이런 대리 통치를 하는 이유는 과거에 비해 국민의 수가 너무나 많아져서 모두가 직접 통치에 참여하기 어렵기 때문이라는 논리이다. 하지만 이런 두 가지 논리는 모두 오해에서 비롯되었다.[3] 우선 그 어떤 시대에도 통치 받

---

[2] 미국 국부 중 한 명인 알렉산더 해밀턴(Alexander Hamilton)이 1777년에 이 용어를 처음으로 사용한 것으로 알려져 있다(Landemore 2008). 그는 서신에서 'representative democracy'를 다음과 같이 정의하고 있다: "a representative democracy, where the right of election is well secured and regulated and the exercise of the legislative, executive and judiciary authorities is vested in select persons, chosen really and not nominally by the people(Hamilton 1777)."

[3] 해밀턴을 포함해 처음에 대의민주주의를 주장하는 이들은 다른 이유로 순수한 민주정을 반대했는데 이들은 소수의 선택된 사람들이 정치를 하는 것이 안정적이라고 보았다.

는 모두가 직접 통치하던 시대는 존재하지 않았다. 이것은 우리가 아는 것처럼 고대 시대의 노예와 여자를 제외하고도 여전히 유효한 사실이다. 보통 성인 남자들 모두가 직접 통치하는 정치는 어느 시대에도 존재하지 않았다. 다만, 언제나 그들의 이익을 대변해 정치적 결정을 내리는 크고 작은 무리가 있었으며, 이런 무리를 선정하는 방식이 과거와 현재에 차이가 날 뿐이다. 예를 들면, 과거에는 제비뽑기와 선착순 등을 주로 이용했고 오늘날에는 선거와 시험 등을 이용한다. 또한, 인구수가 과거에 비해 너무 많아서 대의 민주주의를 할 수밖에 없다는 고정관념은 근거 없는 통념에 불과하며 현재 기성 정치체제를 옹호하기 위한 또 다른 동굴의 우상이자 마르크스주의자들이 의미하는 이데올로기에 지나지 않는다. 왜냐하면 고대 그리스 민주정에서도 정치참여자는 언제나 제한적일 수밖에 없었기 때문이다. 그리스 방식이 오늘날 적용될 수 없는 것은 급격히 늘어난 인구수 때문이 아니라 정치권력에 대한 대중들의 인식의 차이 때문이다. 즉, 오늘날의 대중들은 대부분 공직을 아무에게나 맡기기에는 너무나 복잡하거나 기술적이며 엄중하다고 인식한다. 과거의 경우 전체 공직 중 아주 일부분에만 최적의 인물 선발 개념이 적용되었지만 오늘날에는 최말단 9급 공무원 자리도 아무에게나 맡기지 않고 시험을 통해서 가장 적합한 자에게 맡겨야 한다는 인식이 자리 잡고 있다. 직접 민주주의와 간접 민주주의 구분과 관련해 자세한 논의는 뒤에서 별도로 다루고 여기서는 이 정도로 마무리한다.

　　마지막으로 언급하고자 하는 통념은 선거는 민주주의의 꽃이라는 인식이다. 이것은 직전에 논의한 대의 민주주의와 밀접하게 연관이 있다. 대의 민주주의는 사실 '선거를 통한 대의 민주주의'의 준말이나 마찬가지이기 때문에 오늘날 민주주의 논의에서 대의와 선거를 따로 떼어 논하기 어렵다. 하지만 발생학적으로 볼 때, 선거는 민주주의와 무관할 뿐만 아니라 반민주적인 것이다. 선거는 수가 제한된 직위를 맡을 가장 적합한 인물을 뽑는 과정이다. 그만큼 가장 훌륭한 사람이 나라를 다스려야 한다는 귀족정이나 왕정의 대원칙과 일맥상통한다. 그렇기 때문에 과거 그리스에서 선거는 주로 과두정이나 귀족정에서 공직자를 선발하는 방식이었다. 둘째로 선거에 의한 대의제를 주창한 근대 사상가들은 세습에 반대한다는 의미로 선거를 강조했다. 이들은 하늘이 점지해 준 대로 특정 집안의 상속자로 태어났다는 이유만으로 능력과 무관하게 권력을 세습하는 것을 반대했다. 하지만 이 경우에도 여전히 정치는 능력에 따라서 해야 한다는 전제를 깔고 있다고 볼 수 있다. 그러나 민주주의의 원칙에서 정치는 그것을 잘하는 사람이 해야 하는 전문성을 요구하는 일이 아니라 누구나 할 수 있는 일이라는 것을 대전제로 한다. 그렇기 때문에 무지하고 무능해 보이더라도 누구나 시민이면 정치를 하는 체제가 바로 민주주의 체제이다. 셋째로 근대 대의제를 주창하는 이들이 전제로 하는 것처럼 반드시 대의와 선거를 하나로 묶어서 봐야 할 이유가 없다. 대의를 하는 방법이 반드시 선거일 필요가 없다는 이야기이다. 이것은 세습하는 왕도 대의를 할 수 있다고 보는 유럽 보수주의의 밑바탕에 깔려있는 사고이다. 우리가 굳이 이런 유럽 보수주의자들의 이야기를 곧이곧대로 수용하지 않는다 하더라도, 선거가 아닌 방식으로 얼마든지 대의를 할 수 있다. 그중 하나가 대의원을 무작위로 뽑는 방식이다. 단적으로 말해, 우리 지역구의 의원을 뽑기 위해 반드시 누가 더 낫냐를 두고, 대중의 심판을 받지 않고 적정한 기준을 넘어선 후보 중에서 무작위로 선발해도 그는 우리의 대의원임에 틀림없다.

2.2 고대 아테네 민주정의 양태: 기본적인 소개

　지금까지 오늘날 우리가 지니고 있는 민주주의와 관련된 대표적인 통념들을 고대 그리스 민주정을 염두에 두고 비판해 보았다. 그렇다면 이제 고대 그리스 민주정은 실제로 어떤 모습으로 존재했는지 살펴볼 필요가 있다. 누구나 알고 있듯이 아테네 민주정에서는 데모스가 지배한다. 문제는 여기서 데모스가 무엇인가 하는 점이다. 아테네 민주정에서 국사를 논하고 의결을 할 때 포고문에는 500인집행위원회(Boule)와 데모스의 이름으로 결정했다고 나온다. 여기서 말하는 데모스란 바로 '민회'를 의미한다. 이 민회는 오늘날 국회와 달리 구성원이 정해져 있는 기관이라기보다는 누구에게나 열려있는 공간으로, 참정권이 주어진 시민 전체의 목소리를 확인하는 장이다. 명목상으로 이 민회는 공동체의 중요한 사안을 결정하는 최종적인 의사결정 기구는 아니더라도 최고 의사결정 기관임에는 틀림없다. 최종적이지 않은 이유는 여기서의 결정을 두고 법원에 재심을 청구할 수 있기 때문이다. 그리하여 아테네 민주정을 파악하기 위해서는 민회에 참여하는 사람들과 데모스 간의 관계를 이해해야 한다.

　민회에 참여하기 위한 자격은 시민권의 획득인데, 이 시민권은 18세에 주민등록이 된 사람 중에서 2년간 군사훈련을 마친 남성에게만 주어진다. 여기서 군사훈련이나 전쟁에서의 전투 가능 여부가 시민권과 매우 밀접한 연관을 맺고 있음을 알 수 있는데, 바로 이런 이유로 여자나 노예가 시민이 된다는 것은 그 당시 상식에서 벗어나는 일이었다. 오늘날 만인의 평등이나 남녀평등 사상과 같은 상식에서 보면 이런 특정 인구집단의 시민권 배제를 이해하기 어렵지만, 당시 상황으로 보면 어쩌면 당연한 것이었다. 이런 상황은 소규모의 인구로 이루어진 정치공동체에서 외부로부터의 침입을 방어하는 일이 그 당시 얼마나 중요했는지를 일깨워 준다. 실제로 당시에는 전쟁이 없을 때보다 크고 작은 전쟁이 일어났을 때가 더 많았기 때문에 군사적 능력이 시민권과 밀접하게 연결될 수밖에 없는 상황이었다.

이렇게 시민권을 얻은 거주민은 원한다면 누구나 민회에서 발언권과 투표권을 갖게 된다. 그런데 이 민회는 1년에 보통 40회 정도 열리고 며칠의 여유를 두고 회의 소집을 공포한 뒤 아침 일찍 개회하였다. 집회 장소는 아테네의 언덕인 프닉스(Pnyx)였다.[4] 이런 사실을 감안한다면 시민권을 가진 거주민들 모두가 민회에 통상적으로 참여할 가능성은 없다. 구조의 시대적 변천에 따라서 다르지만, 일단 프닉스의 지형적 구조로 볼 때 그곳에 서거나 앉을 수 있는 인원은 통상적으로 6천 명에서 최대 1만 3,500명에 불과하였던 것으로 알려져 있다. 거리상으로 볼 때도 아테네 도시 중심 내부나 근교 지방에 거주하는 주민이 아닌 경우 민회에 참여하는 것은 불가능하다.[5] 그 당시의 도로나 교통상황 그리고 야간 이동의 어려움 등을 고려하면 더욱 그렇다. 전체 시민의 수를 고려할 때, 도시 중심부(아테네와 반경 약 10킬로 이내의 그 주변 지역)에 거주하는 시민은 4명 중 한 명꼴이었기 때문에 민회에 참여할 수 있는 사람들의 수는 상당히 제한적이었음을 알 수 있다. 인근의 이동 가능 거리를 고려하더라도 물리적으로 참석이 가능한 시민 수는 절반이 안 된다고 봐야 한다. 왜냐하면 도시 중심부를 제외한 해안부와 내륙부에 거주하는 시민이 나머지 4명 중 3명 정도에 해당하기 때문이다(Thorley 2004, p.29). 또한 물리적으로 참석 가능한 공간에 거주한 주민이라고 하더라도 이 모두가 민회에 참석하지는

4) 프닉스를 이용하기 전에는 아고라에서 개최되었고 이 이후에는 야외극장에서 이루어졌다.
5) American School of Classical Studies at Athens에서 제공하는 아테네 민주정에 관한 소개 중 일부인 "The Ekklesia(Citizens' Assembly)," http://agathe.gr/democracy/the_ekklesia.html 참조.

않았기에 중심부에 거주하는 시민 전체 수보다 적은 수의 인원이 일상적으로 민회에 참여했을 것이다. 이것은 과거나 오늘날이나 이른바 정치에 관심이 없는 사람들이 있기 때문이다. 한 일화를 보면, 소크라테스가 어떤 청년을 두고 분명히 정치할 재목감임에도 불구하고 정치에 무관심한 것을 나무라고 있다. 그리고 당시 아테네에서 정치를 한다는 것은 단순히 민회에 참석하여 귀를 기울이는 것이 아니라 그곳에 참석해 토론을 주도하기 위하여 발언하는 행위를 말한다. 이런 의미에서 정치를 하는 사람들은 대부분 상층계층 출신으로 소피스트들에게 웅변술이나 다른 연설에 필요한 교양교육을 받았던 사람들이다. 여기서 강조하고자 하는 요지는 바로 아테네 민주정이 단순히 수가 적었기 때문에 전체 시민이 참여하는 정치체제가 가능했다는 인식은 근거가 없다는 점이다. 민회가 오늘날 의회와 다른 점은 구성원이 대의원이 아닌 전체 시민으로 이루어져 있다는 것이 아니라 시민 누구든 원한다면 실질적으로 참여할 수 있도록 개방되어 있다는 것이다. 비록 개방된 민회를 이용하는 시민은 전체 시민 중 절대 소수에 불과하지만 말이다. 오늘날에는 일반시민이 의원이 되어 평생에 한 번이라도 의회에 참여하는 것은 사실상 불가능하다. 이런 의미에서 오늘날 의회는 기본적으로 폐쇄적인 조직이다.

　　단순히 사람들이 모여서 뭔가를 결정한다는 것만으로는 어떤 것이 제도화되었다고 보기 어렵다. 비록 공간이 개방되어 시민권 이외에 아무런 제약 없이 참여할 수 있다고 하더라도 제도화를 위해서는 보다 엄격한 틀이 필요하다. 이 틀을 제공해 주는 것이 바로 의제를 설정하고 회기를 정하는 것인데 이것은 개방된 공간인 민회에서 자체적으로 정하는 것이 아니다. 이 역할을 맡은 기관은 협의회 혹은 집행위원회인 500인집행위원회이다. 이것은 일종의 의회운영위원회 겸 의결사항 집행부 같은 곳으로 민회의 의제 설정과 운영 전반을 맡아서 관리하고 결정된 사안을 집행하

는 기관이다. 특이한 점은 민회 자체가 개방된 공간이기 때문에 민회 구
성원 중에서 운영위원을 뽑는 것이 아니라 1년에 한 번씩 전체 10개 부족
의 30세 이상 시민 중 한 부족당 50명씩 제비뽑기로 500명의 위원을 선발
하는 것이다.[6] 일부 시민에 의한 독점을 막고 자격을 갖춘 시민들에게 선
발기회를 균등히 부여하기 위해, 제비뽑기 규정만이 아니라 연임불가 조
항과 평생 최대 2회까지만 중임할 수 있다는 제한 조항을 두었다. 하지만
민회가 모든 시민에게 개방된 것과 달리, 이 위원회는 참여자격을 제한했
는데 나이만이 아니라 일정 정도 이상의 자산을 가진 자들만 선발될 수
있게 하였다. 그리하여 민회에는 주로 물리적인 이유로 전체시민 중에서
소수가 참여했지만, 집행위원회의 경우에는 자산기준 4등급으로 나뉜 시
민 중에서 가장 빈한한 최하위 등급 시민은 참여자격이 없었다. 문제는
이들이 시민의 절반을 넘을 정도로 그 수가 많았다는 사실이다.

　　개방된 공간으로서의 민회에서 결정할 사안을 제시하는 집행위원회
의 운영에 관한 세부적인 내용은 잘 알려져 있지 않다. 지금까지 알려진
바에 따르면 집행위원회의 의장단(presidency)은 동일 부족 출신 50명으로
구성되었는데, 추첨을 통해 정한 순서대로 부족별로 돌아가면서 차지했다
(Thorely 2004, Aristotle 1892). 각 의장단은 1년의 1/10인 35일이나 36일에
해당하는 민회의 한 회기 동안 직무를 맡았다. 이들의 가장 주요한 임무
는 한 번의 회기 동안 네 번 소집되는 민회를 진행할 프로그램을 짜고 공
휴일 이외에 매일 열리는 집행위원회의 회의 프로그램도 마련하며, 실제
로 회의를 소집하는 것이었다. 이들은 그 대가로 일정한 급여를 받았고
이 50명 의장단 중 한 명은 제비뽑기를 통해 하루 밤낮 기간 동안 의장으
로 선발되어 자신이 임의로 선발한 다른 1/3의 위원들과 근무처인 원형집

---

6) 이 수는 솔론 시대에는 400명이었다가 나중에 부족이 늘면서 600명으로, 다시 650명
　으로 증원되기도 했다.

무실(Rotunda)에 머물러야 했다. 그리하여 하루 24시간 상근하는 사람은 17명 정도이고 50명이 36일 정도를 맡았기 때문에, 한 명당 평균 12일을 24시간 상근했다고 보면 된다. 이들 24시간 상근위원이 아닌 나머지 2/3 의 의장단 소속 위원이나 의장단에 속하지 않은 나머지 450명의 위원들은 집행위원회의 전체회의에 참석하는 것 이외에는 비교적 자유로워 보인다.

또한, 상근의장단을 제외한 집행위원회의 의장단이나 일반 구성원 모두가 매일 소집되는 집행위원회의 회의에 참석한다는 것은 물리적으로 불가능해 보인다. 특히 이것은 부족의 구성을 보면 더욱 불가능해 보인다. 1개 부족은 3개의 트리띠(tritty) 구역으로 구성되는데, 각각 도시 중심부 1 개, 해안부 1개, 내륙부 1개로 구성되어 있다. 부족당 선발된 50명의 위원 들의 거주지가 도시 중심부가 아닌 내륙부나 해안부인 경우 이들이 매일 소집되는 집행위원회의 회의에 참석하기 위해서는 아테네 시내에 별도로 거주지를 마련해야만 가능하다. 의장단 중 24시간 근무하는 상근위원을 1/3로 제한한 것도 이런 현실을 감안한 것으로 보인다. 물론 상근위원이 항상 도시 중심부의 인원으로만 매일 구성되었다고 보기는 어려울 것이 다. 그리고 우리는 부족당 선발된 50명이 3개의 트리띠 별로 어떻게 나눠 졌는지 알지 못한다. 다만, 합리적으로 추정할 때, 적어도 매일 열리는 회 의에 가능하다면 기꺼이 참여할 의사가 있으며 또한 그런 여력이 있는 시 민들만 집행위원회의 구성원이 되려고 제비뽑기 명단에 자원했을 것으로 보인다. 이것은 왜 처음부터 빈민들은 집행위원회의 구성원 자격을 부여 받지 못하는지 설명해주기도 한다. 비록 급여를 받았지만, 이 급여만으로 는 집행위원회 위원으로 행세하기가 어려웠을 것으로 보이기 때문이다.

혹자는 이 집행위원회를 민회와 별개의 조직으로서 민회를 견제하는 오늘날 상원의원 같은 조직으로 이해하지만, 오히려 성격상 온전한 조직 체라고 보기 어려운 민회에 일정한 제도적 틀을 부여하는 상설조직체라고 보는 것이 더 적합할 것이다. 또 다른 견해는 민회나 집행위원회나 모두 사실상 동일한 민의를 대변하는 조직으로 별 차이가 없다고 보는 것이다. 이 역시 오류이다. 민회가 그야말로 시민 전체에게 개방되어 있는 무정형의 회의체라면, 집행위원회는 부족 단위로 선발되고 나이와 재산에 따라 선발자격이 제한됐다는 점에서 민회와 분명하게 구분된다.

그리스 민주정의 또 다른 주요 기관은 6천 명으로 구성된 1년 임기의 인민(혹은 대중)재판원단이다(Thorley 2004). 이것은 10개 부족으로 이루어진 아테네 민주정의 30세 이상 시민 자원자 중에서 1개 부족당 600명의 재판원을 제비뽑기로 선발하여 구성한다. 이 인민법정은 축제나 민회가 열리는 날을 제외하고 일 년 중 약 200일 정도 열렸다. 재판에 참여하면 급여를 받았지만, 참여한 사람들 대부분은 물리적 한계로 인해 시내 중심부 출신들이었을 것이다. 사안의 경중과 민사 혹은 공익 소송인지에 따라 법정을 구성하는 인원은 적게는 201명, 401명, 또는 501명이었고 많게는 500명의 배수들에다 1명이 추가되었다. 실제로 누가 어떤 재판을 담당하게 되는지는 각자가 어떤 재판부에 소속되느냐에 달려 있었다. 사안에 따라 다른 9명의 최고집정관(archons, 아르콘)과 다른 행정관이 주관하는 재판부는 총 10개로 이루어져 있는데, 1개 재판부당 각 부족에서 60명씩 총 600명이 배당되었다. 이들 개별 재판부 소속 600명 중 특정 사건의 재판을 당일 누가 담당할 것인가는 처음에는 선착순으로 나중에는 특별히 고안된 제비뽑기 기계를 사용하여 선발했다.

500인집행위원회가 민회를 조직하는 역할을 하는 것처럼, 아르콘은 인민 재판을 주관하거나 운영하는 데 필요한 사건 관련 증언과 증거 수집 등을 하여 재판에 회부하는 역할을 수행한다. 이들 아르콘은 각기 다른 사안의 재판을 담당했고 초기에는 이들이 직접 재판하기도 했다. 하지만 점차 재판을 하기보다는 범죄 사건을 다루는 재판을 주관하고 사건을 특정 재판에 회부하는 역할에 치중하게 된다. 이들의 선발 방식은 시대에 따라서 변천했는데, 적어도 여섯 가지의 선발방법이 존재했지만 5세기 중반 이후에는 각 부족에서 50명씩 총 500명의 명단에서 제비뽑기로 선발했다. 이들의 임기는 1년이지만, 임기가 종료되면 최고국정고문단 혹은 아레오파고스(Areopagos)의 회원이 된다. 이 기관은 일종의 고문단 같은 것으로 솔론은 이 기관을 법의 수호자로 칭했으며, 나중에 민주적 개혁에 의해 권한을 박탈당할 때까지 위헌 소지가 있는 법이나 결정에 대한 거부권을 가지고 있었다고 하지만 자세한 사항은 알 수가 없다.

시민들은 법정이나 민회 및 앞에서 언급한 500인집행위원회만이 아니라 각종 다른 공공업무의 집행도 담당한다. 오늘날에는 이런 공무직의 경우 선거로 충원하는 일부를 제외하고 대부분이 시험으로 충원되며 임기 역시 1년 단기가 아니기에 아예 공무를 생계수단으로 삼는다. 하지만 그리스 아테네의 경우 공직 수행을 개인이나 가족 생계유지의 목적으로 수행하는 사람들은 존재하지 않았다. 공직 수행 기간에 급여를 받기는 하지만, 우선 추첨제로 선발하기 때문에 누가 공직자가 될지 불투명해 공직을 자기의 평생 생계수단으로 설계할 수 없었다. 또한 일부 공직의 경우 뛰어난 전문능력을 가진 소수의 시민 중에서 선출되기 때문에 불확실성이 상대적으로 적었지만, 이 경우에도 공직으로 평생 생계를 유지할 수가 없었다. 이 전문적 공직의 경우 임기가 1년으로 짧지만 급여도 없기 때문이다. 대부분의 아테네 공직의 경우 평생 단 한두 번만 할 수 있도록 제한한 것도 오늘날과 다르다. 공무 수행은 누구나 반드시 해야만 하는 모든 시민의 의무라고 할 정도는 아니었으나 어디까지나 공적인 목적을 실현하기 위한 것이고 그 이외에 다른 사적인 이득을 취하고자 함이 아니었다. 비록 일당을 제공하기도 하였지만 이 일당만으로는 생계를 유지할 정도가 아니었으며 일종의 기회비용을, 그것도 불충분하게 보상하는 수준이었을 뿐이다.

행정집행의 경우 500인집행위원회 자체가 행정을 집행하는 일종의 위원회 역할도 했고, 세세한 업무들의 경우 별도의 담당관을 선발해 집행하기도 했다(Aristotle 1892). 예를 들어, 500인집행위원회는 전함과 부대시설의 감독 기능을 수행하고 새로운 전함을 건조하고 이에 필요한 시설을 만드는 책임을 진다. 선박 건조를 위해서 이들은 일반인 중에서 10명의 선박 건조업자 혹은 조선업자(shipbuilders)를 지명한다. 또한 500인집행위원회는 모든 공공건물을 감독했다. 이 위원회는 다른 공무원들의 기능과도 대부분 연관되었다. 예를 들면, 각 부족당 한 명씩 제비뽑기로 선임되는 총 10명의 재정관들은 여신 동상, 전쟁 승리 기념비, 다른 예술 작품과 국가 재물을 관리하는데 이 모든 것은 500인집행위원회의 입회하에 그들에게 전달된다. 또한 이들 공직의 상당 부분은 독자적으로 수행되기보다는 500인집행위원회의 입회 아래 수행된다. 이들의 경우 집행권을 가진 500인집행위원회를 위해서 대신 일하는 것이다. 이런 공직들과 달리 500인집행위원회와는 독립적으로 운영되는 자리도 있는데 예를 들면, 판매되는 모든 상품을 감독하고 이런 상품들이 원래 상태로 흠 없이 시장에서 거래되도록 질서를 유지하는 기능을 하는 시장 감독관이 그런 자리이다. 이들도 제비뽑기로 아테네 시내에 5명, 항구도시 페이라이에우스(Peiraieus)에 5명, 총 10명의 시장 감독관이 선발된다. 이들 사례에서 보듯 수많은 공무직의 경우 대부분 한 명의 전담직이 아니라 대개 각 부족당 한 명씩 제비뽑기로 선발되거나 다른 식으로 뽑힌 10명 혹은 5명, 40명 등으로 구성된 집단 집행위원회가 직무를 수행했다. 오늘날 1인 집정관, 즉 대통령이나 주석을 두고서 민주정이라고 하는 것과 상당히 거리가 있다. 고대 그리스인의 시각에서 볼 때, 이유를 막론하고 오늘날처럼 1인 최고집정관을 둔다는 것은 이해하기 어려울 것이다. 비록 지금처럼 최고집정관을 선거로 뽑더라도 여러 명으로 구성되고 의장직은 순환하는 최고집정위원회를 두는 것이 그리스 민주정의 취지에 더 부합하는 것이다.

　이렇게 일정한 자격을 갖춘 시민이나 모든 시민에게 기회가 균등하게 돌아가는 직무 이외에 아테네에는 해당 직을 가장 잘 수행할 것으로 보이는 자들을 선거로 선출하여 담당하게 하는 직무도 있었는데, 대표적인 것이 장군직이었다. 당시 전쟁에서 패배하는 것은 공동체 구성원들이 대부분 죽거나 노예 신분으로 전락해 하나의 공동체가 소멸될 정도로 중차대한 문제였다. 또한 고대 그리스 시대에는 평화의 시기보다 전쟁의 시기가 더 빈번했다. 이런 사실들을 감안하면 장군직은 일반직과 같이 제비뽑기로 아무에게나 개방할 수 없었다. 아무리 시민 누구나 정치나 공직을 잘 수행할 수 있다는 전제하에 출발하는 민주정이라고 하더라도 공동체의 생존과 직결된 직의 경우는 그런 원칙을 적용할 수 없었다. 하지만 장군직도 여전히 임기가 1년으로 제한되어 있었다. 다만, 다른 공직과 달리 재선임 횟수의 제한은 존재하지 않았다. 그리하여 비록 예외적인 상황이기는 하지만 유명한 페리클레스의 경우 15년 동안 장군으로 선출되었다. 일반적으로 장군은 다른 행정직과 마찬가지로 부족당 한 명씩 총 10명으로 구성되어 집단지도체제를 구축했다. 또한, 다른 행정관과 마찬가지로 30세 이상인 사람 중 각 부족 총회에서 가장 뛰어난 자가 지명되고 최종 임명은 민회에서 결정했다. 따라서 이들은 최종적으로 민회에 책임을 졌다. 다만, 이들이 공동책임을 지는지 아니면 개별적인 책임을 지는지는 논란이 있다. 실제로 해전에서 이기고도 일부 자국 병사들의 시체를 풍랑 때문에 바다에서 수습하지 않고 돌아온 책임을 물어 장군들 모두를 한꺼번에 처형하는 것을 두고 민회에서 논란이 된 적이 있었다.

　결론적으로 말하면, 우리가 통념적으로 알고 있는 것처럼 고대 아테네 민주정을 직접 민주정으로 규정하는 것은 정확하지 않은 표현이다. 이런 규정이 의미하는 바가 오늘날 정치는 선별된 일부 시민이 대행하도록 위임하는 반면에 그리스 아테네에서는 시민 개개인들이 모두 정치를 했다는 것으로 받아들여진다면 이는 사실과 거리가 멀다. 고대든 오늘날이든 어떤 정치체제에서도 모든 시민이 정치를 한 시대는 존재하지 않는다. 그리하여 정확히 말한다면 어떤 민주정도 소수에 의한 정치인 것이다. 하물며 민주정이 아닌 정치는 더욱 그러하다. 고대 민주정과 오늘날 민주정이 차이 나는 것은 간접이냐 직접이냐 혹은 대의냐 아니냐의 문제도 아니고, 아주 동질적인 소수에 불과한 시민의 정치냐 아니면 통제하기 힘들 정도로 아주 많은 시민의 정치냐의 문제도 아니다. 이 둘 간의 가장 큰 차이는 정치참여에 대한 제한의 정도 문제이다. 하나는 정치참여에 대한 제한이 거의 없거나 매우 낮고 다른 하나는 아주 높다. 이 결과 아주 극소수만이 정치를 할 수 있는 것이 오늘날의 현실이고 과거에는 전체 시민 중에서 공직이나 정치에 참여하는 사람의 비중이 상대적으로 높았을 뿐이다. 그럼에도 불구하고 과거에도 전체 시민 중에서 여전히 소수만이 정치에 참여했다. 또한 단순히 법원이나 민회에 앉는 것이 아니라 실질적으로 영향을 미치는 발언을 하거나 대중을 이끄는 정치인이나 막강한 영향력을 행사하는 선택된 자리는 아테네의 알키비아데스(Alcibiades) 가문과 같은 극소수의 집안사람들이 장악하고 있었다.

2.3 '직접 민주주의'와 대의: 아테네 민주정에서의 대의 문제

앞에서 지적한 바와 같이 우리는 흔히 민주주의를 대의 민주주의 혹은 간접 민주주의와 직접 민주주의로 나누어서 오늘날에는 대의 민주주의로, 과거 고대 그리스 아테네는 직접 민주주의 체제로 구분한다. 이런 통념적인 민주주의의 구분과 인식은 변화가 필요하다. 우선 개념적으로 직접과 간접 혹은 대의제라는 구분을 지양해야 하고, 미래지향적으로 보다 개방적인 정치체제로 나아가야 한다. 이것은 우선 고대 민주주의를 직접 민주주의라고 규정하는 것 자체가 오류가 있고 대의라는 개념 자체가 모호하기 때문이다. 나아가 이른바 직접 민주주의를 하지 않고 대의제를 해야하는 당위성의 근거로 언급되는 두 가지 요소인 정치의 전문성과 정치공동체 규모의 확장으로 인한 직접 정치의 물리적 불가능이라는 요소가 현대 고도기술 사회에서는 더 이상 정당화되기 어렵다. 대중의 교육수준은 과거 어느 때보다도 높을 뿐만 아니라 과거 지배층의 교육 수준에 비해 결코 못하다고 보기 어렵다. 또한 교통과 기술의 발달로 더 이상 인구의 규모나 지리적 한계는 정치체제를 설계할 때 고려해야 하는 요소가 되기 어렵다.[7] 민주정과 관련한 이런 실질적인 여건의 문제는 차치하고 여기서는

---

7) 근대에 와서 직접 민주정치가 아닌 대의 정치를 해야 하는 이유로 정치의 전문성을 든다. 하지만 정치가는 의사나 기능공처럼 전문적인 훈련을 받은 자가 하는 것이 좋다는 주장은 비단 근대에 와서 제기된 것이 아니고 이미 그리스 시대에 플라톤과 소크라테스가 주장했던 것이다. 이들 주장의 핵심은 정치도 잘 할 수 있는 사람이 해야 한다는 것이다. 우리 몸을 치료하는 의사를 아무나 하면 병을 더 악화시키거나 죽음에 이르게 하는 위험천만한 일이 발생하는데, 하물며 한두 명이 아니라 공동체 전체 구성원의 생존과 복리가 걸린 정치를 아무나 하도록 내버려 두어서는 안 되고 그것을 잘하는 사람이 하도록 하는 것이 옳다는 주장을 편다. 이런 결과의 산물이 바로 철인 정치이다. 따라서 굳이 근대에 와서 유독 동일한 논리를 가지고 대의 정치를 실천해야 할 이유가 없다. 하물며 근대는 대중들의 교육수준이 과거 그리스 시대의 엘리트들보다 더 높은 수준이다. 아주 특별한 직위를 제외하고는 대부분의 공직을 수행할

직접과 간접이라는 개념적 구분의 시각에서 고대 민주정을 다시 자세히 점검해본다. 즉, 왜 직접과 간접 구분이 오류인가를 살펴보고자 한다.

우리가 통념적으로 가정하기로는 그리스 아테네에서는 모든 시민이 정치에 참여해 주권을 행사하거나 피치자가 곧 치자인 동시에 치자가 곧 피치자라고 본다. 그리하여 민이 누구 다른 사람을 내세우지 않고 직접 통치한 것으로 본다. 하지만 이런 인식은 오해의 소지가 많다. 상당히 과장된 표현일 수도 있지만, 루소(Jean-Jacques Rousseau)가 말한 바와 같이 인간 세상에는 이런 식의 민주주의가 존재한 적이 없으며 앞으로도 존재할 수가 없을 것이다. 우선 시민이 누구냐를 두고 논란이 있다. 피치자 모두가 치자가 되는 이른바 직접 통치의 이념은 그리스 아테네 사회에서도 찾아볼 수 없다. 인구의 최소 2/3 이상이 치자에 속하는 시민이 아니었기 때문이다. 여성, 노예, 거류 외국인, 미성년자 등이 여기에 속한다. 통상적으로 전체 인구가 30만 내외인데 시민의 수는 3만 명 정도였다.

설사 치자에 속하는 시민에 국한한다고 하더라도 결정 하나하나를 바라보면 특정 이슈와 관련해 치자와 피치자의 일치는 찾아볼 수가 없다. 즉, 결정자가 곧 그 결정으로 인해 영향을 받는 피치자와 완전히 동일할 수가 없다. 하물며 모든 개별 이슈마다 그것의 결정자가 그 결정으로 인해 영향을 받는 피치자와 완전히 동일하기는 더더욱 불가능하다.

또한, 3만 명의 시민 혹은 치자들의 경우 이들이 모두 직접 정치에 참여한 적은 단 한 번도 없다. 고대 민주주의의 상징체로 언급되는 민회

정도의 교육을 오늘날 일반대중은 받고 있다. 근대는 과거와 달리 인구와 영토가 넓어 어쩔 수 없이 선거로 선발된 소수에 의한 대리통치가 불가피하다는 논리 역시 오늘날 교통과 통신 수단의 발달을 감안할 때 설득력이 없다. 물리적 거리보다는 교통의 발달을 고려한 거리가 중요하고 전자 기술의 발달로 인해 굳이 어떤 사안을 결정하기 위해 특정 장소에 사람들이 결집하지 않아도 된다. 그만큼 정치라는 것이 더 이상 교육수준, 영토의 넓이, 그리고 인구 과소의 영향을 받지 않아도 되는 시대가 온 것이다.

나 인민재판원단을 보면, 민회의 경우 개최 장소가 시대에 따라서 변동이 있었지만, 비교적 넓은 장소에 해당하는 프닉스 언덕에서 주로 개최되었는데 여기서 보통 6천 명 정도의 인원이 모였다고 본다. 저자가 직접 가서 보니 오늘날 야구장 필드의 절반에도 못 미치고 잠실 축구장의 절반 정도 크기이다. 구글 지도를 이용해 실제로 측정한 바로는 가장 긴 쪽이 100미터 남짓하고 가장 넓은 폭은 60미터 정도인데 반원 모양이다. 대충 넓이는 4천 제곱미터가 안 된다. 이 공간에 전체 시민이 모두 참여하는 것은 불가능하다. 오늘날 집회인원 추정에 사용되는 이른바 페르미 기법을 이용하면, 3.3미터 당 5명이 앉을 수 있다고 가정할 때 4천 미터에 6천 여 명이 앉을 수 있다. 즉, 전체 시민 중 대략 20% 정도만 참여해도 많이 참여한 편이 된다. 이들은 전체 인구 중에서 소수일 뿐만 아니라 전체 시민 중에서도 소수이다.

절대적으로 소수가 민회에 참여했지만 문제는 여기에 그치지 않는다. 이렇게 참여한 6천여 명은 전체 3만 명 중에서 민회의 회기가 바뀔 때마다 변경되었다기보다 비교적 그 사람이 그 사람이었을 가능성이 높다. 이것은 과거나 지금이나 정치적 사안에 관심이 있는 사람들이 제한적이었다는 사실과 아테네 시내의 아크로폴리스에서 내려다보이는 지평선(대략 10킬로미터 이내) 너머 이타카(Ithaca)의 나머지 지역에 거주하는 시민들의 경우 프닉스 언덕까지 회의에 참석하려고 걸어오는 것이 결코 쉬운 문제가 아니었다는 사실에서 유추해 볼 수 있다. 아테네 시내에 거주하는 시민의 수는 전체 시민의 26% 정도에 불과했다.[8] 이것은 일반시민들의 경우 말이나 기타 이동 수단을 보유하지 못하고 있었다는 사실과 민회가 아침 일찍 시작했다는 점을 고려하면 더욱 그러하다. 내륙과 해안가로 분류된 지

---

8) 이 수치는 500인집행위원회의 시내, 해안, 내륙 지역별 배정 비율에 기반해 유추한 것이다.

역에 거주하는 주민들이 새벽에 프닉스 언덕까지 먼 거리를 걸어서 참석한다는 것은 대단한 열정이 아니고서는 어렵다. 오늘날 걷는 것에 익숙하지 않은 현대인에 비해 고대인들은 걷는 것에 더욱더 단련되었던 사실을 감안하더라도 반경 10킬로미터를 넘어선 지역에서 새벽에 3-4시간을 걸어서 온다는 것은 어려울 수밖에 없다. 이것은 인민재판에 참석하는 대가로 받은 수당이 오랜 기간 인플레이션에도 불구하고 큰 변화가 없었는 데 반해 민회에 참석하는 것에 따른 수당은 갈수록 올라간 것에서도 유추할 수 있다.[9] 그만큼 민회에 참석하는 시민들의 수가 점점 줄어들었기 때문에 참석률을 높이기 위하여 수당을 높인 것이라고 볼 수 있다. 물론 물가 상승분도 반영이 되었겠지만 거의 변동이 없는 인민재판원이 받는 수당과 비교할 때 물가만으로는 이런 차이를 설명하기 어렵다.

　　대의 민주주의의 핵심은 지역이든 직능이든 소속집단을 대표하는 의원을 선발하는 것이다. 고대 그리스 아테네 민주주의의 의회라고 볼 수 있는 민회를 보면, 오늘날 대의민주주의처럼 그곳에 참석하는 소수의 누군가는 참석하지 않는 특정 집단을 대의하는 것이 분명히 아니다. 그들은 시민 개개인의 자격으로 참석하는 것이다. 그럼에도 불구하고 또 다른 대의 문제는 아테네 민주정에서도 여전히 남는다. 왜냐하면 개개인의 자격으로 참석한 시민들의 집합체인 민회가 내린 결정이 참석하지 않은 시민을 포함한 시민 전체의 의사를 얼마나 잘 대변하느냐는 문제를 제기할 수 있기 때문이다. 아테네 민주정은 누구에게나 개방되어 있기 때문에 대표문제가 발생하지 않는다고 주장할 수 있지만, 실제로 참석하는 시민의 수가 전체 시민 중에서 매우 소수이기 때문에 이는 고대 민주주의의 핵심문제이다. 이것은 오늘날 선출된 대통령이 전체 시민의 25%가 참석했고

---

9) 민회 참석 수당은 1오볼에서 시작하여 많게는 9오볼까지 인상된다. 대체로 하루 노동자의 수입이 6오볼로 간주된다(Rothchild 2007; Demosthenes 2014, p.xvii).

그중의 다수표에 의해 당선되었다고 하면 민주적 결정이라고 볼 수 있는 가라는 의문을 제기할 수 있는 것과 유사하다. 이른바 직접 민주주의 아래에서도 모든 시민이 실제로 참여하지 않는 한 어떤 의사결정도 민의가 과연 제대로 반영되었는가 하는 질문에 부딪히게 된다. 우리가 그리스 아테네 민주주의를 높이 평가해야 하는 이유는 그것이 흔히 대의 민주주의와 직접 민주주의를 대조하는 시각에서 보듯이 모든 시민이 직접 통치해 대의 문제가 완전히 사라졌기 때문이 아니라, 비록 전체 시민 중 소수의 시민이 민회를 통해 통치했다고 할지라도 그들의 참여가 제한되어 있지 않았기 때문이다. 직접·간접 민주주의 개념이 시사하는 바와 같이 대의의 문제가 없었기 때문이 결코 아니다. 민회의 구성원 개개인에게는 대의의 문제가 발생하지 않지만, 그런 개개인이 모인 민회나 그런 민회가 내린 결정에 관해서는 대의의 문제가 제기될 수 있다. 즉, 과연 민회에서 내린 결정이 민의를 제대로 반영한 것인가 혹은 그런 결정이 시민 전체가 합의한 것으로 가정하는 헌법이나 헌정 질서를 위반하고 있는 것이 아닌가 하는 문제가 발생한다. 그렇기 때문에 민회가 내린 결정이 오늘날 위헌 심사라고 볼 수 있는 법률적 소송의 대상이 되었던 것이다. 그것이 만약에 전체 시민이 참여해 내린 결정이라면 절대로 위헌 심사의 대상은 되지 않았을 것이다. 물론 어떤 결정이든 재고할 수 있고 앞의 결정이 번복될 수는 있다. 전체 시민의 의사도 시간에 따라서 변경될 수 있다. 하지만 전체 시민이 내린 결정이라면 누구도 위헌이라고 주장할 수 없다. 왜냐하면 전체 시민의 의사가 바로 헌법이거나 그것의 원천이기 때문이다.

　　그런데 고대 아테네에서도 오늘날 위헌 심사라고 볼 수 있는 소송이 얼마든지 일어날 수 있었다. 이것은 단순히 절차상의 하자나 사실의 왜곡만을 가지고 재판하는 것이 아니라 민회의 결정이 성문화되었든 아니든 아테네 헌법을 어긴 것이라고 주장하는 재판을 의미한다. 이런 시각에서 보면 민회는 결코 최종 의사결정체가 아니다. 최종 의사결정체는 인민재판원단(Dikasteria)이다. 이런 인민재판원단은 오늘날 일반 법원만이 아니라 헌법재판소와 같은 역할을 했다. 민회에서 의결한 법안이나 사안도 인민재판을 통해 무효화되거나 거부될 수가 있었다. 또한 민회의 '민심'은 그때그때 참여하는 사람들의 구성에 따라 변동될 가능성이 있지만 인민재판원단의 구성은 최소한 1년간은 변하지 않았기 때문에 민회에 비해 변덕스러운 여론의 영향을 비교적 덜 받았다고 볼 수 있다.

이 인민재판원단은 민회보다 훨씬 더 오늘날의 대의 기관에 가깝다. 민회는 울타리가 없는 광장 같은 곳이라고 하면 인민재판원단은 10개의 부족이라는 스펙트럼을 골고루 망라하는 시민들의 대표단체라고 볼 수 있다. 민회의 경우 개방 조직이기 때문에 구성원의 부족 간 대표 문제나 사회경제적 구성 문제를 고민할 필요가 없었다. 하지만 인민재판원단과 500인집행위원회는 부족 간 동등한 대표가 제일 중요한 구성 원칙이었다.[10] 이런 대의 기관으로서 인민재판원단은 아래서 보듯이 보다 덜 개방적이다.

앞에서도 잠깐 소개한 바가 있지만, 인민재판원단의 보다 세부적인 측면을 대의 문제 차원에서 다시 살펴볼 필요가 있다. 이론적으로 회의마다 누구나 참석할 수 있도록 개방되어 있었던 민회와 달리, 인민재판원단은 매년 재판단 구성원으로 복무하고자 하는 시민 자원자 중 무작위로 부족당 600명씩 총 6천 명을 선발해 구성한다. 그 다음 이들 6천 명의 재판원단을 다시 500명씩 10개의 고유 섹션과 천 명의 예비 집단으로 분할해, 각 재판단 구성원에게 소속 섹션을 배정하게 된다. 이렇게 섹션 배정이 된 재판단 구성원을 대상으로, 재판의 사안에 따라 당일 법정에서 실제로 필요한 재판원의 총수에 맞추어 무작위로 선발한다. 사안의 중요성에 따

---

10) 혹자는 이런 인민재판원을 단순히 민회의 하부기관으로 간주하기도 하지만, 이것은 잘못된 판단이다. 민회의 특별세션 같은 기능을 한다고 볼 수 있으나, 그 구성이나 운영방식을 본다면 전혀 다른 별도의 기관이다.

라 선발되는 재판원의 수는 201명, 501명 등 다양했다. 유명한 소크라테스의 재판은 501명이 하였다. 이들은 민회에 비해 부족별로 골고루 대표될 수 있도록 선정되었지만 또 다른 면에서 보면 전체시민을 대표한다고 보기에는 한계가 있었다. 이들은 나이가 최소한 30세여야 한다는 단서조항이 있었기 때문에 전체시민을 모집단으로 하는 대표집단은 아니다. 그리하여 인민재판에 참석할 수 있는 사람은 민회에 비해 더욱 수가 제한적이다. 이런 인민재판에 참석하는 사람들의 사회경제적 특성은 알려진 바가 거의 없다. 다만, 제한적 자료에서 시사하는 바로는 재판원 자리는 60세가 넘어 마땅한 일자리가 없는 사람들한테 참여 수당 때문에 상당히 인기가 있었던 것으로 보인다. 수당인 3오볼(obol)은 보통 하루 노임의 절반이었음에도 불구하고 나이 든 이들에게는 이것마저 여분의 수입이었고 민회에 비해 재판은 거의 매일 열렸기 때문에 운이 아주 좋다면 거의 매일 수당을 받을 수도 있었다. 또한, 이런 수당제도는 재판원의 상당수가 경제적 하층 출신일 가능성이 높다는 것을 시사한다. 그리하여 인민재판원은 나이에 대한 제도적 제한과 참여계층의 경제적 편중성 등으로 전체시민 모집단을 대표한다고 보기 어렵다.

이렇게 엄격하게 평가할 때 제도적으로나 실질적으로 모집단 대표성에서 문제가 있었음에도 불구하고, 그 당시 인민재판은 재판원들이 곧 전체 시민을 대표한다고 보았기 때문에 단심이었으며 판결 결과에 불복할 수도 없었다. 이렇게 인민재판이 민의를 대표한다는 당시의 믿음은 그럴만한 근거가 있었다. 우선 인민재판은 축제나 민회 회의를 제외하면 거의 매일 열렸기 때문에 일단 6천 명 중에 선발되면 적어도 누구나 한 번 이상은 재판에 참여할 기회가 있었다. 둘째, 6천 명 중 실제 재판에 참여하는 사람은 무작위로 선발하지만 이렇게 선발된 사람들은 민회에 비해 전체 시민의 의사를 보다 더 잘 대의하는 것으로 볼 수 있는데, 왜냐하면 민회의 구성은 부족 간 배분이 없는 반면 재판원은 부족 간 동일한 비율로 배분해 선발하기 때문이다. 마지막으로, 선발 자격을 갖춘 인원과 선발 정원을 감안할 때, 누구든 원한다면 일생에 한 번은 재판원으로 충분히 선발될 수 있었다. 부족당 시민의 평균수를 3천 명이라고 보고 그중에서 30세 이상을 75% 정도로 추산하면, 2,250명 중에서 600명을 선발하는 것이니 약 4명 중 한 명이 선발된다. 전체 성원에서 무작위 추첨을 해도 선발 확률이 이런데 자원자 중에서 선발했다고 하니 실제로 선발될 확률은 더 높다고 봐야 한다. 여기에다 사실상 새벽에 와서 매일 줄을 설 수 있는 시민들에 해당하는 시내 거주민들은 전체시민의 26% 정도(780명 정도)이고, 부족당 30세 이상 시민의 인구 비중을 75%로 가정하면 부족당 585명 정도밖에 안 되어 특히 이들 시내 거주민은 원하기만 한다면 600명 가운데 한 명으로 사실상 추첨될 기회가 있다. 이것을 30세 이후 매년 반복하니 본인이 원한다면 누구나 평생에 한 번 이상 얼마든지 재판원이 될 가능성이 있다.[11] 이 사실은 그만큼 선발된 이들이 인민 전체(물론 정치적 참여의사가 강한 인민에 한정하지만)를 대표할 가능성이 높은 것이다. 1년이 아니라 장기적으로 볼 때, 이들의 집단의사 표현이 전체 시민의 집단의사 표현과 괴리될 가능성은 낮다는 것이다.

아테네 민주정의 또 다른 핵심기관인 500인집행위원회는 앞에서 간단히 소개한 바와 같이 민회에서 결정할 사안을 사전에 조율하여 제출하고 그곳에서 결정된 사안을 집행하는 임무를 주로 맡은 일종의 상설 국정운영 위원회와 같았다.[12] 여기서는 이런 집행위원회를 대의 문제와 관련하여 평가해 보고자 한다. 이 위원회는 인민재판원단보다 규모는 작았지

---

11) 500인집행위원회와 달리 인민재판원단은 평생 2번밖에 할 수 없다는 규정이 없다.
12) 민회는 1년에 40회 정도의 정기 회의를 개최한다. 이에 민회가 개최되지 않는 기간에도 국사를 논의하고 이미 개최된 민회의 결정사항을 집행하며 또 다음 민회를 준비하는 업무를 맡는 기관이 필요했는데, 이 위원회가 이런 업무를 담당했다.

만, 그것과 마찬가지로 각 부족을 대표하도록 위원을 선발했는데 30세 이상의 시민만 자격이 되었고 부족당 50명씩 원하는 사람들 중에서 무작위로 선발했다. 다만, 이들은 평생 두 번만 선임될 수 있으며 두 번을 연임할 수는 없다. 이들이 위원회 위원으로 활동할 때, 판단과 행동의 준거 기준이 본인들이 속한 부족의 입장이었는지 아니면 이것과 무관하게 본인들 스스로 판단한 아테네 시민 집단 전체의 이익을 자유롭게 대변했는지는 불확실하다. 전자라면 오늘날 대의제 개념에서 부족 대의원에 가깝지만 후자라면 위원 개개인은 대의원이라고 보기 어렵다. 물론 개인의 대표여부와 무관하게 집단 전체는 결국 참석하지 않은 사람들을 포함한 시민 전체를 대의한다는 것을 전제로 한다.

하지만 적어도 500인집행위원회의 구성을 보면 어느 한 부족이 이 기관의 운영을 좌지우지하지 못하게 하고 각 부족의 이익이 아테네 민주정의 운영에 골고루 대변될 수 있도록 설계되어 있었다. 이 기관은 500명의 전원회의체적인 성격을 지니지만, 그 운영은 윤번제에 기반을 둔 집단지도체제이다. 1년을 10개의 회기로 만들고 각 회기를 1개의 부족이 윤번으로 맡아서 실무를 담당한다. 이 동일 부족 출신 50명은 일종의 운영위원회이다. 이들 집행부 50명에게는 숙식을 제공했기 때문에 시내가 아닌 지역에 거주하는 시민들도 원한다면 참여하는 데 큰 문제가 없어 보인다.13) 또한, 이 50명 중에서 한 명을 무작위로 선출해 1일 위원장으로 선임하게 되는데 그는 자신이 선발한 다른 위원들 약 16명 정도(50명 중 1/3)와 공관에 머물러야 했다.

민회가 이념적으로는 가장 넓은 시민층에게 개방되어 있었고, 인민재판원단은 나이로 30세 이상의 시민층만 대변하도록 해 그 구성을 제한했지만 500인집행위원회는 이보다 더 좁은 시민층을 대변할 수밖에 없었

---

13) 물론 나머지 450명에게는 이들과 같이 숙식을 제공하지 않는다.

다. 이 위원회는 나이도 30세로 제한했을 뿐만 아니라 재산에 따른 자격
제한도 두었기 때문이다. 이것이 아테네 민주정이 가지고 있었던 과두정
적인 요소이다. 네 개로 나눈 재산등급 중에서 상위 세 개 등급에게만 자
격이 주어졌는데, 이들은 전체시민의 절반도 안 된다. 가장 빈한한 최하위
등급의 시민이 인구의 절반 이상을 차지하기 때문이다. Thorley(2004)의 추
정에 따르면, 전체 시민 3만 명 중에서 상위 3등급은 최소 1만 명 정도이
고 그중 30세 이상은 적어도 7,500명이었다고 한다. 이것을 10개의 부족
으로 나누면 부족당 최소한 750명 정도가 상위 3등급 재산을 가진 시민이
라는 이야기가 된다. 이들 중에 50명으로 선발되는 확률은 약 6.7%이다.
750명 중 50명이 돌아가면서 직무를 맡는다고 할 때, 750명 전체가 한 번
씩 직무를 맡는 데는 15년이 걸리고 이것을 두 번씩 한다고 하면 30년이
걸린다. 따라서 대충 30세 이상 성인 한 명이 평생에 걸쳐서 두 번 정도
할 수 있다고 하는 것은 타당성이 있다. 선발되는 해를 기준으로 보면 5%
정도로 매우 적은 수의 시민이 집행위원회 위원이 될 수 있다. 하지만 연
임 금지 규정과 재임 횟수 제한을 감안하면 평생 동안에 걸쳐서 본인이
원한다면 적어도 한 번 이상은 위원이 될 수가 있었다는 말이 된다. 즉,
500인집행위원회의 경우 다른 자리와 달리 재산 제한을 두어 전체적으로
선발될 수 있는 시민의 수를 대폭 줄였지만, 해당 시민집단 내에서는 누
구나 한 번은 부족대표로 참여할 수 있도록 중임 제한과 연임 제한을 두
었다. 이것은 아테네 민주정이 가지고 있는 권력 분산과 공유의 장치이자
견제 장치이기도 하다.

　　이런 부족 대표, 권력의 공유와 분산 및 견제 장치는 아테네 민주정
의 통치원칙과 달리 일반시민이 직접 담당하지 않고 엘리트들에게 위임한
공직의 경우에도 적용되었다. 가장 대표적인 자리가 장군직인데 이것은
시민이면 누구나 할 수 있는 자리가 아니었기에 제비뽑기로 선발하지 않

앉으며, 엄격한 선거를 통해 가장 명망이 높은 인물을 선정하도록 했다. 또한 전쟁에 대한 지략은 전문성이 필요하기 때문에 해당 부족에서 가장 명망 있는 인물이 계속 연임과 중임을 할 수 있도록 했다. 이 장군직도 처음에는 부족별로 한 명씩 총 10명을 선출해 전쟁 시 군대운영을 다수결에 기반한 집단운영체제로 하도록 하고 의장(presidency)은 윤번제로 하루씩 맡았다. 나중에는 부족별 선출을 없애고 아테네인 전체에서 10명을 선출했는데 이 경우 이들 장군은 처음부터 특정한 임무에 맞추어 선출되었다. 즉, 그들은 장군 일반으로 선발되어 나중에 임무를 나누는 것이 아니라 특정한 임무를 위임받아 수행하는 장군으로 선발되었다. 예를 들어, 어떤 이는 기마병을 이끄는 장군이 되고, 어떤 이는 적의 침투가 있을 때 나라를 방어하는 담당을 하는 장군이고, 어떤 이는 항구를 담당하는 장군이 된다(Aristotle 1892, pp.122-123).

2.4 민주주의, 대의, 그리고 개방: 민주정에 대한 새로운 이해

이렇게 그리스 아테네의 이른바 직접 민주정에서도 우리가 오해하고 있는 것과 달리 전체 시민이 한꺼번에 정치를 한 것이 아니기 때문에 어떻게 일부가 전체를 대표할 수 있는가라는 대의문제는 여전히 제기된다. 민회에서처럼 제도적으로 만들어 놓은 광장에 들어가는 시민 개개인이 다른 사람이나 집단을 대변하는 것이 아니라 스스로를 대변한다고 하더라도, 여전히 그 광장에 모인 시민이 전체 시민이 아닌 이상 이들의 의사와 전체 시민의 의사는 구분되는 것이고 작은 여론이 얼마나 전체 여론을 잘 반영하고 있는가 하는 문제가 발생하는 것이다. 또한 500인집행위원회나 인민재판원단 같이 부족 간 안배를 통해 선발된 구성원은 부족 대표로서 위원회나 재판원단에 참여한다. 이들이 실제로 소속 부족의 의사를 물어서 결정하거나 판단할 의무는 존재하지 않지만, 여전히 부족 대표로 선발된 그들이 내린 결정은 부족과 무관하게 선발된 경우와 동일했을 것이라고 보기 어렵다. 아테네인들은 이렇게 부족별로 선발하는 것이 그렇지 않은 경우보다 특정 부족 이익의 과잉 대표 문제나 전체 여론의 왜곡현상이 덜하다고 믿었던 것으로 보인다. 이것은 대의 민주주의가 아닌 이른바 직접 민주정에서도 여전히 대의 문제가 아주 중요한 이슈로 남았음을 시사한다.

그리스 민주정과 오늘날 대의 민주주의의 주요한 차이는 고대 그리스 아테네에서는 시민에 의한 직접 정치가 이루어졌기 때문에 대의 문제가 발생하지 않았고 오늘날에는 대의 문제가 존재한다는 것이 아니다. 그리스 아테네 민주정이 갖는 가장 주목할 만한 특징은 오늘날 민주주의와 달리 시민 개인이 민회든 집행위원회든 재판원단이든 민의를 대변하는 한 명으로 선발될 확률이 아주 높았다는 사실이다. 물론 오늘날 대의 민주주의의 불가피성을 역설하는 이들이 보는 것처럼 그리스 민주정에서 이렇게 대표로 선발될 수 있는 확률이 높은 것은 시민 총수 대비 선발 인원이 상대적으로 많기 때문이다. 반대로 오늘날에는 인구의 규모가 크기 때문에 특정 시민인 개인이 공무관련 직위에 선발될 확률은 훨씬 낮다. 하지만 이런 비교는 동일한 선발 방식을 취한다는 전제하에서만 의미가 있다. 이보다 더 중요한 것은 아테네 민주정에서는 누구에게나 선발될 기회를 누리게 하기 위해 선발 방식에 있어서 제도적 진입장벽이 없거나 실질적인 진입 장벽이 있더라도 낮았다는 사실이다. 이 결과 누구나 민의를 결정하는 장에 참여할 가능성이 높았거나 적어도 원하는 사람 모두가 동일한 선발 확률을 지녔다. 그리하여 오늘날과 같이 정치에 참여할 후보자를 사전에 걸러내는 역할을 하는 사전 공천제는 존재하지 않으며, 공직후보자로 나아가기 위해 기탁금을 내는 일도 없었으며, 기성 정당이나 후보자에게 유리한 국고 보조금 제도도 존재하지 않았다. 고대 민주정에서는 오늘날과 달리 정당이라는 기관이 선발과정에서 어떤 역할을 하지 않는다. 다만, 선발된 구성원들 사이에 당파가 존재해 여론을 두고 서로 다툼을 한다. 또한 전문성이 거의 없고 직위가 매우 낮은 보직을 선발할 때도 오늘날에는 필기시험을 보고서 그 시험에 합격한 사람만 일을 하도록 한다. 그만큼 진입장벽이 높다. 아테네 민주정에서는 일부 전문성이 요구되는 자리도 대중적인 평판에 의해서 선발되었지, 결코 오늘날과 같이 필기시험을 치르지는 않았다. 그리고 오로지 고도의 전문성이 필요한 직위만 대중적 평판에 근거하여 선거로 뽑았다. 이 경우에도 한 명에 의한 전횡을 막고 상호 견제가 이루어질 수 있도록 가능한 동일 직위에 여러 명을 선발해 집단운영체제를 구축하도록 했다.

결론적으로 보면 그리스 민주정에서 시민이 더 많이 누린 대표 선발 가능성 혹은 공직 담당원으로서의 선발 가능성은 그리스 민주정이 갖춘 각종 제도적 장치들이 오늘날보다 개방적이었기 때문이다. 우리가 아는 바와 같이 그리스 민주정 역시 직접 민주정은 전혀 아니고 여기서도 대표성의 문제가 존재했다. 그렇기 때문에 체제 구분에서 중요한 것은 대표냐 직접이냐의 문제가 아니라 얼마나 개방적인가 아닌가의 문제다. 단적인 예를 들면, 인민재판원단은 오늘날 민주주의 사회에서의 재판관보다 훨씬 개방적이다. 오늘날 재판관 즉, 판사는 아무리 되고 싶어도 소수의 사람만이 될 수 있고 직업으로서 재판을 수행하기 때문에 진입장벽이 매우 높다.

민주정에 관한 태초의 담론:
헤로도토스부터 늙은 과두정치가까지

페리클레스가 연설한 아테네 공동묘지 유적지
ⓒ 저자

제3장
민주정에 관한 태초의 담론:
헤로도토스부터 늙은 과두정치가까지

3.1 최초의 정치체제 변론: 헤로도토스의 『역사』

　　민주 개념사를 쓰려고 할 때 주목해야 하는 초기 저작은 헤로도토스의 『역사』이다. 이 저작에 나오는 정치체제에 관한 구절이 민주정에 관한 체계적 논의 중 역사상 가장 오래된 것이다. 다만, 아쉬운 점은 그의 그리스어 원전에 영어의 'democracy'에 해당하는 그리스어($\delta\eta\mu\sigma\kappa\rho\alpha\tau\iota\alpha$, demokratia)가 등장하지 않는다는 점이다. 일부 영어 번역본에서 원전에 나오는 다수에 의한 통치를 'democracy'라는 용어로 번역한 결과 마치 그 단어가 원전에 있는 것처럼 오해를 하는 경우도 종종 있지만, 그리스어 원전의 해당 구절을 보면 그 어디에도 'democracy'라는 용어 자체가 등장하지 않는다. 분명 'democracy'라고 불러도 무방할 통치형태에 대한 기술이 나오는 것은 사실이다. 그럼에도 불구하고 왜 그 단어를 군이 사용하지 않았는지는 정확히 알 수 없다. 저자가 보기에는 아마도 해당 구절이 그리스인이야만인이라고 얕잡아 보았던 페르시아인들 사이에 벌어진 정치체제 선택에 관한 갑론을박이었기에 민주정이라는 이름을 사용하지 않은 것 같다. 즉, 민주정이라는 명칭 자체는 어디까지나 그리스인들의 발명품으로 간주하고 싶었기 때문일지 모른다. 헤로도토스 당시 페르시아는 반민주정의 상징 국가였고 이에 대항해 그리스가 싸우는 형국이었다. 심지어 일부 그리스인들은 이방인인 페르시아인들이 새로운 국가의 기틀을 잡기 위하여 정치체제 선택을 둘러싼 고상한 논쟁을 벌였다는 사실조차도 의심했다. 이런 의심에도 불구하고 헤로도토스는 페르시아인들이 아직 민주정이라는 이름은 발명하지 못했지만, 적어도 실제로 정치체제를 둘러싼 논쟁은 했던 것으로 간주하고 세부 논의를 기록하고 있다.

3.1.1 정치체제 규정의 기준: 통치 주체 혹은 통치자의 수

페르시아 엘리트들 사이에 벌어진 정치체제 논의를 보면, 가장 중요한 체제 구분의 기준은 통치자의 수이다. 한 명에게 통치를 맡길 것인가, 소수의 뛰어난 자들에게 맡길 것인가, 아니면 대중에게 맡길 것인가가 태초의 논의사항이었다. 즉, 이들에게 어떤 정치체제를 선택할 것인가의 문제는 최종권력을 행사하는 사람이 누구(who)여야 하는가의 문제였다. 물론 이것은 특정 개인이나 집단을 선정하는 것이 아니라 권력을 행사할 주체의 형식을 선정하는 문제였으며, 구체적으로는 수의 문제였다. 이들의 문제의식은 정치체제가 무엇인가 하는 질문에 대한 가장 고전적인 답을 제시하고 있다. 주체 혹은 주체의 수를 정치체제의 가장 중요한 요소로 꼽는 고전적인 인식은 그 이후 정치체제를 논하는 데 있어서 한 번도 폐기된 적이 없다.

후대의 사상가들이 보이는 차이라면, 이렇게 정치체제를 정의하는 데 있어서 주체(who)의 문제만이 아니라 그에 더하여 다른 차원의 문제를 추가하거나, 주체나 그 수를 여전히 중요시하면서도 수를 세는 단위를 달리하는 식이다. 예를 들어, 아리스토텔레스의 경우 주체 혹은 수의 문제에다 권력을 행사하는 목적을 추가한다. 그리하여 수에 따라서 체제가 구분될 뿐만 아니라 좋은 체제와 나쁜 체제가 추가로 구분된다. 즉, 그에게는 권력을 얼마나 많은 사람들이 행사하는가도 중요한 문제이지만, 그런 권력 행사의 목적(why)도 중요한 문제였다. 따라서 그는 권력의 행사 목적이 권력을 행사하지 않는 자들의 이익까지도 포함해 행사되는지 아니면 권력을 행사하는 자신들만의 이익을 추구하면서 행사되는지의 문제를 새롭게 추가해 체제를 논하였다.

다른 한편, 현대에 와서 등장한 절차상의 민주정이라는 개념을 수용하는 학자들은 권력을 누가 행사하는지의 문제도 중요하지만 어떻게 행사하는지의 문제(how)도 상당히 중요하게 본다. 이들은 공정한 절차에 따라서 권력을 장악하고 행사하는 것의 중요성을 지적하는 것뿐만 아니라 한걸음 더 나아가 민주정 자체를 공동체의 의사결정을 내리는 하나의 절차로 규정한다. 이들에게 정치체제는 권력 행사의 주체와 관련된 문제라기보다는 오히려 권력 행사의 방법과 관련된 문제이다. 이런 시각에서 보면, 비록 '제한적인(limited)'이라는 단서를 달았을지라도 전체 인구의 10% 정도만 선거권을 가졌던 근대 서구의 정치체제도 별문제 없이 민주정으로 분류할 수 있다.

현대에 와서 정치체제를 전체주의, 권위주의, 그리고 민주주의로 구분하는 것이 지배적인데 이런 구분법에서 정치체제를 무엇이라고 보는가를 면밀히 살펴보면 이 역시 결국 수의 문제로 귀착됨을 알 수 있다. 현대적인 정치체제 구분론은 근본적으로 정치적 경쟁의 정도를 척도로 사용하는데 여기서 경쟁이라고 하면 권력을 장악하려고 하는 집단 혹은 정당 간의 경쟁이다. 우선 이런 경쟁을 하는 집단이 여러 개 있어 자유경쟁이라면 그것은 민주정이고 단 하나의 정당이나 집단이 지배자로 군림해 사실상 경쟁이 전무하다면 그것은 전체주의 체제이다. 다음으로 제한된 자유와 경쟁이 허용되어 완전히 자유로운 선거가 아니라 부분적으로만 경쟁하는 체제라면 그것은 권위주의 체제이다. 이런 현대적인 체제 인식에서는 비록 수를 세는 단위가 집단이나 정당 등으로 변경되었지만 여전히 경쟁하는 집단의 수가 정치체제를 규정한다는 점에서 고전적인 정치체제 구분론을 크게 벗어나지는 않는다.

그럼 이제부터 헤로도토스가 전하는 페르시아인들의 정치체제 담론을 살펴보자. 페르시아 귀족들은 폭군을 살해한 후에 어떤 체제를 도입해야 하는가를 두고 회의를 하는데 이 과정에서 서로 다른 세 가지 주요한 주장이 등장한다. 우선 오타네스(Otanes)의 주장부터 소개해 보고자 한다.

3.1.2 오타네스의 다수정을 위한 변론

『역사』에서 통치자의 수를 가지고 정치체제를 구분하면서 제일 먼저 발언에 나선 페르시아 귀족인 오타네스는 1인 통치를 반대한다. 그는 지금까지 경험한 1인 통치자의 악폐를 볼 때 다시는 같은 실수를 반복하지 않도록 1인 통치 체제를 채택하지 말아야 한다고 주장한다. 그는 그때까지 경험한 1인 통치의 폐단이 당시 통치자였던 특정 개개인의 문제가 아니라 한 명에게 권력을 몰아주는 통치방식 자체에서 비롯되는 보편적인 문제라고 본다. 따라서 아무리 선한 자가 통치하더라도 결국은 악한 통치자로 전락할 수밖에 없는 것이 1인 통치의 본질이다.[14]

오타네스는 임금이 폭군이 되는 것은 특정 임금이 가진 선천적이거

---

14) 이런 오타네스의 시각은 전통적인 성군론에 대해 정면으로 도전하는 것이다. 제대로 교육받고 도덕적으로 중무장한 성군이 통치할 때 천하가 평안하다는 사고는 1인 통치 자체가 가지고 있는 구조적인 단점을 간과하고 있는 것이다.

나 후천적 인간성 탓이 아니라 그가 앉은 자리가 그렇게 만드는 것일 뿐
이라고 본다. 그리고 이런 1인 통치의 자리를 누가 차지하든지 그 사람은
오만함을 가지게 된다고 본다. 권좌에서 비롯되는 오만함과 더불어 인간
의 타고난 시기심으로 인해 1인 통치는 또 다른 해악인 변덕과 자의적인
통치를 수반하게 된다. 이 결과 1인 통치 아래서는 기존의 관례가 무시되
기 일쑤이다. 1인 통치자는 천상천하 유아독존이라는 오만함으로 다른 어
떤 것도 자신 위에 두기를 거부한다. 이렇게 1인 통치자는 어떤 것에도
구애받는 것이 없다 보니 당연히 통치에서 일관성과 관습법을 찾아보기
어렵게 된다.

　　오타네스는 1인 통치에서 야기되는 폐단이 특정 통치자 개인의 인덕
의 문제가 아니라 체제 자체가 갖는 본질적인 문제임을 지적하면서 그와
정반대의 특성을 갖는 다수에 의한 통치체제를 도입해야 한다고 주장한
다. 그에 따르면, 다수에 의한 통치는 '평등(isonomia)'이라는 이름으로 불
린다. 이는 아주 근사한 이름으로 모두가 법 앞에 평등함을 의미한다. 헤
로도토스에 따르면, 페르시아인들은 당시 민주정이라는 명칭은 몰랐지만
동일한 통치체제를 칭하기 위해 이소노미아라는 이름을 사용하고 있었다.
단순히 법 앞에서의 평등으로 번역될 수 있는 이 용어는 페르시아인들의
논쟁 속에서 정치체제의 명칭으로 승격된다. 그러나 오늘날에는 단순히
어떤 정치체제의 한 특성으로만 간주된다.

　　이런 정치체제로서의 이소노미아는 헤로도토스만이 아니라 투키디데
스도 사용하고 있다. 투키디데스 역시 『펠로폰네소스 전쟁사』에서 이소노
미아를 과두정이나 귀족정에 대칭되는 것으로 사용하곤 했다(예: 제3권 82단
락 후반부, 제4권 78단락 전반부). 이것은 오늘날 헌정체제(constitutional government
or regime)라고 할 때 마치 하나의 독립된 정치체제를 의미하는 듯한 뉘앙
스를 주는 것과 동일하다. 하지만 오늘날 대부분의 경우 법치나 법 앞의

평등 개념은 정치체제와 연관해 사용할 때 정치체제 자체라기보다는 특정 정치체제의 한 특성으로만 사용된다. 그렇기 때문에 현대인의 시각에서 보면 이소노미아의 초기 용법이 정치체제 자체를 가리킨 것은 매우 놀라운 일이다.

오타네스가 실질적으로 민주정을 가리키기 위해 이소노미아라는 용어를 사용한 것은 이해하기 어렵다. 왜냐하면 언뜻 보기에 법치주의를 상징하는 것 같은 이 명칭은 다수에 의한 통치체제만이 배타적인 점유권을 갖는 것이 아닐 수 있기 때문이다. 심지어 1인 통치도 법에 의거해 통치될 수 있으며 소수 집단도 법에 의거해 통치할 수 있다. 그뿐만이 아니다. 오타네스의 가정과 정반대로 다수에 의한 통치 역시 무법천지로 나아갈 위험이 있으며 이 때문에 많은 근대 자유주의자들이 다수의 폭정을 두려워했던 것이다. 그럼에도 불구하고 오타네스는 1인 지배의 패악으로서 자의적인 통치를 내세우다 보니 그 반대 체제인 다수의 통치는 자의적인 통치가 아니라 법에 의한 통치가 이루어지는 것으로 믿었던 것이다. 무엇보다 그가 보기에 다수의 무리는 1인 통치자가 가지고 있는 본질적인 속성이자 만병의 근원인 시기심과 오만함을 가지고 있지 않다. 또한 군중은 변덕스럽지 않으며 관습을 존중하고 함부로 행동하지 않는다. 이런 다수가 통치하는 경우, 권력은 1인이 독점하기보다는 제비뽑기로 나누어 가지게 되고 권력을 행사한 경우에는 결과에 책임을 지며, 모든 의사결정은 대중 집회에서 이루어지는 것으로 묘사되고 있다.

사실 군중 혹은 대중이 시기심과 오만함에 빠지지 않는다고 보기는 어렵지만, 오만하고 시기심이 가득한 군중이 만들어지는 것은 한 명의 개인이 오만함과 시기심으로 가득 차게 되는 것보다 훨씬 어려울 것이다. 그럼에도 불구하고 다수의 무리도 군중심리로 인해 변덕스러워질 수 있다는 것은 역사가 증명하고 있다. 실제 그리스 역사에서도 군중들이 정치지도자를 도편추방으로 내쫓았다가도 얼마 안 가 다시 불러들이는 일이 종종 존재했다.

다른 한편 '법 앞의 평등'이라는 구절에서 평등을 확대 해석하면, 평등하다는 것은 주어진 법 앞에서 누구나 동일한 대접을 받고 누구도 법 위에 군림하지 않는 것만이 아니다. 법을 제정하는 권한을 포함해 동일한 정치권력을 향유한다는 의미로 보다 적극적으로 해석될 수 있다. 이런 경우 법 앞의 평등은 1인 지배체제를 거부하며 다수자에게로의 권력 분산이나 다수자에 의한 권력의 공유와 동등한 의미가 된다. 이런 의미에서 그것은 다수의 지배와 같은 맥락에 놓이게 된다. 또한 평등을 강조하는 기조를 극단적으로 끌고 나가면, 우리는 종국에 한나 아렌트(Hannah Arendt)와 같은 해석에 도달하게 된다. 그녀는 평등을 강조하다 보면 결국은 누구도 지배하지 않는 것으로 귀결되어 모두가 지배로부터 자유로운 상태에 도달하게 된다고 본다(Arendt 1977, p.30). 이것은 사실상 무정부 상태를 의미한다. 이런 극단적인 해석은 페르시아나 그리스 현실과는 동떨어진 것이다. 이와 같은 지배의 부재와 자유의 개념은 지배자와 피지배자의 구분이나 경계선이 사라짐을 의미하는 것으로 그리스 아테네의 현실과도 맞지 않는다. 하물며 군주정에 익숙한 페르시아인들이 이런 이상을 추구했다고 보기는 어렵다. 그리스 아테네 민주정을 보면 지배자로서의 시민과 피지배자로서의 비시민이 공존할 뿐만 아니라, 명목상 지배자인 시민집단 내에서도 당파와 정쟁으로 지배적인 분파와 비지배적인 분파가 온존했던 것이 사실이다. 예를 들어 페리클레스가 이끄는 당파와 그에 맞서는 투키디데스 당파가 대표적이다. 정치적 파당이 존재하는 이상 개개인의 정치행위자는 결코 동등하게 대접받을 수 없다. 이것은 루소가 일반의지를 실현하려면 공동체와 개인만이 존재해야 하며, 그 중간에 다른 사회적 집단이 존재해서는 안 된다고 한 것과 같은 이치이다. 다수든 소수든 집단이 형성되는 순간 그 집단 속의 개인과 그 외부의 개인은 동등하게 대우받을 수 없다. 결집력이 우수한 집단이나 힘의 우위를 가지는 집단은 그렇지 않은 집단보다 공동체 운영에서 머릿수에 비해 과대하게 대표될 수밖에 없다. 그리스 아테네에서 과대 대표의 문제는 각 당파의 지도자들이 얼마나 설득력 있게 웅변을 잘하는가에 크게 좌우되었다. 설득력이나 웅변술이 뛰어난 자는 자신이 대변하는 집단뿐만 아니라 그 자신 역시 과대대표 되도록 만든다. 대표의 문제는 언제나 개개인의 문제이고, 집단에 의한 대표는 결국 개개인의 관점에서 볼 때 불균형을 초래하고 개인 간 동등 대표의 원칙을 와해시킬 수밖에 없다.

3.1.3 메가비조스의 소수정을 위한 변론

오타네스가 제시한 다수정 체제를 위한 변론은 사실 왜 1인 체제를 채택하지 말아야 하는가에 대한 장황한 변론이지 왜 굳이 다수에 의한 지배체제를 채택해야 하는가에 대한 변론이라고 보기 어렵다. 그가 제시한 논거에 따르면, 다수정은 1인 지배에서 나타나는 단점들이 없기 때문에 채택되어야 한다. 오타네스의 이런 허점을 지적하면서 나온 사람이 바로 메가비조스(Megabyzus)이다. 그는 오타네스와 마찬가지로 군주정을 반대하지만 그렇다고 이것이 다수정을 찬성해야 하는 이유가 되지는 않는다고 주장한다. 그에 따르면, 대중은 오히려 더 오만하며 심지어 몰상식하기까지 하다. 독재자의 오만함이 싫다고 해서 대중의 권력을 받아들인다면 이것은 늑대를 피하려다 호랑이 굴에 들어가는 꼴이 된다. 적어도 군주는 자신이 무슨 짓을 하고 있는지는 인지하고 행동하지만, 오만한 대중은 스스로 무엇을 하는지도 모른 채 행동할 정도로 무식하다. 그리하여 다수정은 일인정의 해악인 오만함에 더하여 무지몽매함까지 지니고 있다. 메가비조스는 이렇게 무지한 다수에게 권력을 맡기기보다는 가장 뛰어난 일군의 사람들을 선발해 그들이 통치하도록 하는 것이 낫다고 주장한다. 그런데 그가 보기에 통치를 담당할 소수의 집단에는 폭군을 몰아내고서 현재 체제를 논쟁하고 있는 자신과 다른 6명의 귀족이 모두 포함된다.

메가비조스의 주장 역시 왜 다수정이 불가한지에 대한 변론이지 왜 굳이 소수정이어야 하는가에 대한 변론이라고 보기 어렵다. 그의 주장처럼 소수의 뛰어난 사람이 통치를 해야 하는 이유가 그들이 가장 뛰어난 자들이기 때문이라고 한다면 그중에서도 왜 가장 뛰어난 자 한 명이 통치하지 말아야 하는지 알 수 없다. 군주는 오만하기 때문이고 소수집단은 오만하지 않기 때문인가? 다수가 오만할 수 있다면 그보다 조금 적은 소수 역시 오만할 수 있을 것이다. 사실 오만함은 그것이 개인이든 어떤 규모의 집단이든 다른 이들보다 권력이 많은 경우 언제든지 생길 수 있다. 그것은 집단의 규모 문제가 아니라 권력의 속성에서 비롯되기 때문이다.

3.1.4 다리우스의 일인정을 위한 변론

소수정에 대한 메가비조스의 옹호를 들은 후 다리우스(Darius)가 나서서 반론을 제기한다. 그는 체제 논쟁이 종결된 이후 새로이 페르시아의 왕이 되는 인물인데, 대중에 대한 메가비조스의 비판에는 동의하지만 소수정에는 반대한다. 그가 보기에 세 개의 체제는 제 각기 나름대로의 장점을 갖추고 있지만, 그중에서 가장 뛰어난 1인이 통치하는 체제가 최선이다. 이것은 사실상 앞서 메가비조스가 소수정을 옹호하기 위해서 내놓은 논리, 즉, 가장 뛰어난 사람들이 통치해야 한다는 논리를 극단화한 것이다. 어떤 사람들이 통치를 해야만 하는 이유가 가장 뛰어나기 때문이라면 그렇게 뛰어난 사람들 중 한 명이 더 뛰어난 경우 당연히 그가 통치해야만 할 것이다. 또한 논리의 이런 극단화만이 아니라 다리우스는 왜 통치자가 소수가 아니라 꼭 한 명이어야만 하는지에 관해 정치공학적인 이유도 제시하고 있다. 그는 소수지배집단 내에서의 경쟁 혹은 정쟁을 사유로 들고 있다. 소수의 통치자들은 권력을 향해 내부 경쟁을 하게 되고 그 속에서 서로 원한을 품고 정적을 제거하려고 한다. 이 과정에서 결국 최후에는 한 명만 살아남게 될 것이다. 소수의 권력집단 내에서 벌어지는 유혈숙청은 흔히 있는 일이기 때문에 다리우스의 주장은 새로운 것이 아니다.

이어서 그는 다수정을 채택하면 안 되는 이유를 제시하고 있는데 그의 논리는 특이하다. 다수정에는 반드시 부정부패가 발생한다는 것이다. 이런 대중의 부정부패설과 그로 인한 권력의 집중화 현상은 특이하다. 흔히 우리는 한 명을 매수하는 것은 쉽지만 모두를 매수하는 것은 쉽지 않다고 생각한다. 이것이 바로 그리스 아테네에서 1인 재판관이 아니라 다인 재판관 제도인 인민재판원단이 설치된 이유이다. 대중이 통치한다면 왜 부패가 발생하는지에 대한 설명이 없기 때문에 다리우스의 의도를 정확히 알기는 어렵다. 다만, 그는 다수정에서는 무리들이 서로 쉽게 작당을 할 수 있고 이런 집단적 공모의 해악을 무리가 스스로 제거할 수 없다는 논리를 편다. 따라서 이런 무리들이 부정한 이익을 추구하기 위해 집단적으로 공모하거나 작당하는 행위를 멈추게 하려면 결국 누군가 1인이 공동체의 이익을 대변해 나서야만 한다고 주장한다.

다리우스의 주장을 요약하면, 소수정은 지배집단 내의 상호 적대감과 권력다툼으로 인해 최후에 1인만 살아남기 때문에 1인 통치체제로 귀결된다. 한편, 다수정의 경우 소수정과 반대로 상호 간에 강한 유대감을 지닌 개인들이 부패한 소집단을 형성해 공익을 해치게 되는데, 다수정은 이렇게 만연한 집단이기주의를 자정할 능력이 없다. 부패한 집단이익의 사슬을 끊기 위해서는 집단적 이익으로부터 자유로운 어떤 영웅적 인물이 등장할 수밖에 없고 이 과정에서 권력은 1인 통치자에게로 집중된다. 결과적으로 소수정을 택하든 다수정을 택하든 종국에는 모두 일인정으로 귀착될 수밖에 없으니 애초에 1인 통치체제로 출발하는 것이 낫다고 본다.

다리우스가 다수정의 아킬레스건으로 제시한 집단이기주의의 위험성은 매우 중요한 지적이다. 이런 파벌의 해악은 제임스 매디슨(James Madison)을 연상하게 한다. 매디슨은 소수든 다수든 민주정에서 파벌이 쉽게 만들어지고 견제가 어렵다고 본다. 하지만 보다 세밀하게 보면, 집단이기주의를 반대하는 다리우스의 입장은 집단이기주의의 불가피성을 설파하고 집단에 의한 집단의 견제를 통해 공익을 도모해야 한다고 보는 매디슨의 주장과는 대척점을 이루고 있다.15) 오늘날 공동체 전체보다는 하위 사회집단들을 대표하는 정치집단을 당파(faction)가 아닌 정당(political party)이라고 부르면서 국가에서 세금으로 육성하는 것을 다리우스의 시각으로는 납득하기 어려울 것이다. 오늘날 모든 정파가 표면적으로는 국민 전체의 이익을 위한다고 하지만, 실제로는 다리우스가 우려하는 바와 같이 각 당파의 분파적인 이익을 위해 작당하는 것이 현실이다. 그렇기 때문에 정치집단 간의 경쟁으로 표현되는 오늘날 민주정도 냉정하게 평가하면 공익을 도모하기에는 태생적으로 부족한 하위집단 상호 간의 경쟁 그 이상도 그 이하도 아니다. 이런 하위집단 간의 균형이 와해되어 한 하위집단의 이기주의가 극에 달한 상태인데도 다른 하위집단이 견제할 수 없게 된다면 다리우스가 우려하는 바와 같이 다수정에서 독재자가 등장해 어떻게든 문제를 해결하려고 할 소지가 있다.

권력의 집중으로 인한 일인정의 필연성을 내세운 다리우스의 주장은 다른 귀족들한테 가장 큰 공감을 샀는데 이것은 아마도 기존 질서를 유지하고자 하는 경향, 즉 현상유지론이 강했기 때문일 것이다. 그는 정치체제가 일인정으로 귀결되는 필연성을 제시한 정치공학적 논리에 더해, 폭군정

---

15) 구체적으로 매디슨은 파벌의 위험에 대한 대응책으로 대의제와 연방제를 채택할 것과 보다 큰 규모의 공화정을 주장하고 있다.

을 실제로 무너뜨린 것도 단 한 명의 노력으로 된 것이며 조상 대대로 내려온 군주정의 전통을 변경하지 말아야 한다는 이유로 일인정을 주창한다. 즉, 관습이 큰 문제 없이 잘 작동되어 왔으니 그냥 그대로 가자는 것이다. 이 결과 회의에 참석해 의견을 낸 3명 이외에 나머지 4명은 군주정의 유지를 선택했다.

3.1.5 오타네스의 선택: 자연인과 사회인의 경계 및 법치와 자유

물론 군주정을 최종적으로 선택한 이면에는 논쟁에 참석한 귀족 개개인의 이해타산도 한몫했을 것이다. 즉, 그들 중 누구든 군주가 되어 권력을 독차지할 가능성이 있다는 사실이 군주정을 채택한 데에 어느 정도 영향을 미쳤을 것이다. 하지만 물론 자신이 최종적으로 군주로 결정되면 더할 나위 없이 좋겠지만, 만약에 그렇지 않다면 역으로 자신이 군주의 횡포에 시달릴 가능성도 배제할 수 없다. 이런 가능성도 우려해 군주정을 강하게 반대했던 오타네스는 군주를 선택하는 게임에서 자신이 먼저 빠질 테니 그 대신 새로이 선정된 군주로부터 지배받지 않을 자유를 달라고 주장한다. 즉, 그는 군주가 되면 누리게 될 이익을 포기하는 동시에 낙선으로 이어질 개인적인 손실부담도 지지 않겠다고 한 것이다. 이런 요구의 결과 그와 그의 후손은 페르시아의 법만 어기지 않으면, 새로이 선정될 군주의 명을 따르지 않을 자유를 누리게 된다.

이런 오타네스의 선택은 사회계약이론상으로 볼 때 매우 독특한 것이다. 그는 자연인(혹은 자유인)과 사회인의 경계선에 놓이게 된다. 그는 공동체 성원이면서도 왕의 이름으로 행해지는 공동체의 뜻을 따르지 않아도 된다. 그만큼 그는 자유인이지만 여전히 완전한 자연인은 아니다. 그 역시 공동체 바깥의 자연인으로 돌아간 것이 아니라 공동체 구성원의 일부로 남는 것이다. 그에게도 법을 지킬 의무가 여전히 존재한다. 그렇지만 현재의 권력에 복속하지 않을 자유를 누린다. 로크(John Locke)의 사회계약론에 따르면 태초에 자연인이 존재하고 이들 자연인 중 일부가 사회계약을 통해 시민사회 혹은 정부를 구성하게 되며 이 시민사회 혹은 정부는 다수의 의지에 따라서 운영된다. 다만, 다수의 의지에 따른 공동체 운영의 주체는 왕일 수도, 소수일 수도, 다수 본인들일 수도 있다. 그리고 만약에 이렇게 계약을 맺은 자가 계약에 복속하지 않는다면 그는 중간지대에 놓이는 것이 아니라 자연인으로 다시 귀속하는 것으로 간주한다. 하지만 오타네스의 경우는 분명 다른 6명과 정치적인 계약을 맺었지만 계약으로 탄생한 새로운 정치공동체의 결정에 구속받는 구성원도 아니다. 그러나 여전히 법의 구속을 받기 때문에 태초의 자연상태로 다시 귀속한 자연인도 아니다. 그리하여 그는 다른 정치귀족들과 사회계약을 맺었음에도 시민사회의 일부가 아니라 시민사회와 자연상태의 회색지대에 속하게 된다. 즉, 그는 자연인과 사회인이 혼합된 하이브리드형 인간이다. 그는 자연인도 아니며 그렇다고 사회계약을 파기한 계약파기자도 아니다.

그렇다면, 오타네스처럼 법을 지키는 선에서 지배를 받지 않을 자유는 무엇을 의미하는가? 법이 아닌 다른 것들에 의거한 권력행사를 거부한다는 의미라면 오늘날의 법치주의와 동일한 말이다. 처음에 오타네스가 다수의 통치를 법 앞의 평등 혹은 이소노미아라고 명명한 바를 상기한다면, 오로지 그만이 군주정 아래서 이소노미아의 특수지대에 사는 것이 된다. 그리하여 현실 속의 **군주정** 아래서 그만이 이소노미아의 다른 이름인 **다수정**의 세계 속에 사는 꼴이 된다. 이것은 군주가 법에 따른 통치를 하지 않을 때만 돋보이는 혜택이고 만약에 그가 법에 따라 통치한다면 누구나 오타네스와 같은 자유를 누리는 것이 된다. 물론 여기서 말하는 법이 오래전부터 내려온 법 혹은 관습만 지칭하고 왕이 새로 만든 법은 포함하지 않는다고 해석한다면 그가 법에 따른 통치를 받는다고 하더라도 예외적인 특권을 누리는 것은 맞다. 이처럼 오타네스의 자유 문제는 법치와 자유의 관계를 다시 생각하게 만든다. 만약에 모든 지배자는 지배구조와 관계없이 법에 따라서만 지배할 수 있다고 한다면 모든 피지배자는 오타네스의 자유를 누리고 있는 것이 된다. 특히 오타네스의 경우 다수의 지배가 곧 법 앞의 평등 혹은 법치와 동일한 것이기 때문에 다수정 아래서는 모두가 오타네스와 같은 등급의 자유인이 된다.

또한 오타네스의 자유는 다수의 의지가 곧 법인 사회에서 개인의 자유가 갖는 의미를 다시 생각하게 만든다. 이 경우 다수의 폭정은 곧 법에 의한 폭정일 수 있기에 과연 오타네스가 말하는 법에 의한 자유가 얼마나 진정한 자유인지 불분명하다. 이 문제를 해결하기 위해서는 법률화한 다수의 의지로도 침해할 수 없는 자유의 영역을 설정할 수밖에 없다. 그래야만 다수정에서나 혹은 다수에 의한 이소노미아 아래서 다수가 아닌 개인의 자유가 의미 있는 것이다. 이렇게 오타네스의 자유가 군주정을 떠나 다수정에서도 의미가 있으려면 다수의 의지나 그를 실현한 법에 의해서도 침해할 수 없는 성역을 설정해야만 한다. 현대사회에서 이것은 체제 중립적이고 보편적인 인권의 영역으로 표현된다. 다른 한편으로 군주정의 경우 새로운 법이 계속 만들어질 수밖에 없다는 것을 가정할 때 오타네스의 자유가 의미 있으려면 왕이 그가 동의하지 않는 새로운 법을 만들지 못하게 해야만 한다. 즉, 군주정에서 오타네스의 자유는 자신이 동의하지 않는 특정 법에 대한 거부권을 내포할 때만 의미가 있다.

또 다른 시각에서 보면, 오타네스의 경우 자신이 지배받기를 거부한 대가로 지배의 참여도 거부했다. 이것은 단순히 지배의 거부만이 아니라 엄밀한 의미에서 정치적 참여권인 시민권을 포기한 것이나 마찬가지이다. 그는 이런 면에서 거류 외국인과 같은 상황에 놓여있다. 또한 그가 페르시아 법을 엄격히 준수해야만 한다는 면에서 볼 때도 그의 지위는 거류

외국인과 마찬가지이다. 다만, 그가 거류 외국인과 다른 점은 그는 지배의
대상이 되지 않는다는 것이다. 그렇다면 오타네스는 오늘날 대사나 외국
공관원과 같은 지위를 누리는 것인가? 오늘날 외국대사들도 그 나라 법을
준수해야 하지만 그렇다고 어겼을 경우 직접 처벌의 대상이 되지는 않는
다. 이런 면에서 오타네스의 자유는 오늘날 외교적인 치외법권보다 약한
권리이다. 왜냐하면 그는 법을 어겼을 경우 직접적으로 처벌의 대상이 될
수 있기 때문이다.

3.2 민주정에 대한 페리클레스의 예찬: 투키디데스의 『펠로폰 네소스 전쟁사』

헤로도토스가 기록한 페르시아 귀족들 간의 체제논쟁에 이어서 민주 정과 관련해 의미 있는 역사적 자료는 페리클레스가 펠로폰네소스 전쟁 1 년차에 전몰한 자들을 위해 장례를 치르면서 연설한 것으로 투키디데스가 기록한 추도사이다. 이 연설은 망자들을 위한 추도사이기도 하지만 당시 그들이 싸워서 지키고자 했던 아테네 민주정에 대한 칭송문이기도 하다. 그리하여 전쟁에서의 죽음은 결코 헛된 죽음이 아니라, 이렇게 훌륭한 헌 정을 사수하기 위한 고귀한 죽음임을 말하고자 하는 연설이기도 하다.

3.2.1 민주정의 정의: 다수를 위한 통치 대 다수에 의한 통치

추도사에 해당하는 『펠로폰네소스 전쟁사』제35절에서 제46절 중 민 주정과 관련이 있는 절은 제37절부터 제41절이다. 그중에서 특히 제37절 이 중요하다. 페리클레스에 따르면 아테네인들은 독창적으로 만든 정치체 제를 가지고 있는데 그것은 민주정이라고 불린다. 여기에는 다수를 위한 정치, 법 앞의 평등, 능력에 따른 출세, 빈부와 무관한 공직 진출, 공공 영 역과 사적 영역에서의 자유, 그리고 수준 높은 시민문화(예를 들면, 준법정 신과 높은 공공의식, 활발한 토론, 관대함 혹은 사회적 자본)가 깃들어 있다. 이런 특징들이 페리클레스가 입에 침이 마르도록 칭찬한 것이다. 그의 표 현은 수천 년이 지난 오늘날의 민주정을 묘사하는 데 사용해도 손색이 없 는 구절이다. 그만큼 오늘날 온갖 종류의 민주주의자들이 민주정에다 갖 다 붙이는 특징과 일맥상통한다. 여기서 논란이 되는 것은 민주정의 정의 에 관한 부분이다. 어떤 현상이 민주정을 채택하고 있는 지역에서 관찰된다고 하더라도 그것이 모두 민주정을 규정하는 기본적인 요소라고 보기 어렵다. 어쩌면 민주정과 무관할 수도 있고, 관련이 있다고 하더라도 파생적인 특징일 수도 있다. 위에서 열거한 것 중에서 민주정의 규정 요소(defining element)라고 할 수 있는 것은 다수를 위한 정치가 유일하다.

이 책의 제2장에서는 민주정을 보다 정확히 민에 의한 통치(by the people)라고 규정하였고, 권력이 민에게 귀속되거나 민을 대신해 통치한다거나 민이 권력을 최종적으로 통제하는 정치(of the people)나 민을 위한 정치 혹은 동양적인 위민사상(for the people)은 민주정의 규정 요소와는 거리가 멀다고 했다. 그런데 페리클레스는 아테네 정치체제를 민주정이라고 부를 수 있는 이유는 정치가 다수를 위해서 이루어지고 소수를 위한 것이 아니기 때문이라고 했다. 이것은 당시의 일반적인 인식과 거리가 멀다. 그 당시 민주정을 민주정으로 불렀던 이유는 누군가가 다수를 위해서 정치를 하기 때문이 아니라 다수가 정치를 한다고 보았기 때문이었다. 그런데 정작 그런 민주정의 황금기에 가장 뛰어난 정치가로 소문난 페리클레스가 민주정을 그렇게 규정하지 않은 것이다. 이 문제를 해결하기 위해서 해리스(E. Harris)의 경우 해당 그리스 문장의 번역을 바꾸어 민주정이 민주정이라고 불리는 이유는 정치를 하는 것 혹은 정부(administration)가 다수의 수중에 있고 소수의 수중에 있지 않기 때문이라고 하였다(Harris 1992, pp.157-167). 하지만 해리스의 주장은 페리클레스가 의미한 것과는 거리가 멀다. 그가 번역하고 있는 '수중에 있다'는 말이 직접 통치한다는 의미라면 페리클레스의 말을 과대 해석한 것이다. 다른 한편, 만약에 해리스가 주장하고 있듯이 영어의 'into'에 해당하는 중요한 그리스 전치사(ἐς)가 'in control of'로 번역되어야 한다면 페리클레스가 말하고 있는 민주정은 최종적인 권한의 귀속을 의미하는 것으로 보이기 때문에 'by the people'보다는 'of the people'에 가깝다. 어느 쪽으로 해석하든 우리가 페리클레스의 말을 있는 그대로 받아들인다면, 그가 아테네를 자랑스럽게 치켜세운 이유는 결코 소수가 아닌 다수가 통치했기 때문이 아니라 정치가 다수의 통제에 놓여 있었거나 다수를 준거점으로 이루어졌기 때문이다. 이것은 당시 그의 정치적 위상을 보면 충분히 이해가 간다. 심지어 투키디데스는 페리클레스의 정치적 위상을 반영해 그를 시민 중의 제1시민이라고 했다. 그는 적어도 15여 년간 매년 장군으로 선출되었고 그의 정치적 영향력은 다른 시민과는 비교가 되지 않았다. 페리클레스가 스스로를 아테네의 자랑거리로 간주하고 아테네 민주정의 일부라고 인식한다면, 자신을 포함한 아테네 민주정에 대해서 'for the many' 혹은 'with respect to the many'라는 표현을 사용해 말할 수밖에 없었을 것이다.

아테네 민주정의 황금기가 페리클레스의 탁월한 지도력 덕분에 이루어진 것이었다고 하더라도 그가 장군직을 통해 권력을 행사했다는 것은 아테네 민주정 자체의 특징이라고 보기 어렵다. 제비뽑기로 선발하는 다른 공직과 달리, 탁월한 재능이나 명망으로 선출되는 자리인 장군직은 오히려 귀족정의 잔재이고 민주정의 한계라고 보아야 할 것이다. 장군직은 그 고유한 기능 때문에 민주정에서 다수가 맡을 수 없는 권력의 특별한 영역이었다. 그것은 필연적으로 다수를 위해서 다른 누군가 수행해야만 하는 직위였지만 다수의 통제 안에 여전히 놓여 있어야만 했다. 이런 통제의 수단은 다수에 의한 장군의 선거제와 전략전술에서의 실패에 대한 가혹한 책임추궁이었다.[16] 물론 페리클레스가 장군이 되거나 되지 않는 것은 전적으로 다수에게 달려 있었다. 그럼에도 불구하고 그는 다수가 무엇을 원하는지 파악하는 능력이 있었고 심지어 다수가 아테네의 법을 위반하면서까지 자신이 원하는 것을 하도록 설득하는 능력도 있었다. 예를 들면, 아테네 국법으로 금지된 외국인 여자와 당당하게 산다거나 자신이

---

16) 이런 시각에서 아테네 '민주정'을 해석한 것은 Lane(2016) 참조.

만든 시민법과 어긋나게 외국인 첩과 동거하면서 생긴 서자를 정식 시민으로 인정하도록 다수를 설득한 것 등이 그 사례이다. 그의 정치적 직위는 오늘날 이른바 간접 민주주의에서의 고위 선출직과 별반 다를 바가 없었다. 그것은 분명 고대 아테네 당시의 민주정의 고유한 특징이라고 말하기 어려운 것이다.

3.2.2 민주정과 공직 진출

이런 민주정에 대한 정의에 이어 그가 아테네 민주정의 자랑스러운 특징으로 손꼽고 있는 것들을 보면 특이하게도 구체적인 정치적 통치 메커니즘에 대한 언급이 없거나 언급하더라도 사실과 다르다. 이 책의 제2장에서 언급하였듯이 일반적으로 아테네 민주정의 특징은 공직에 대한 개방성이고 누구나 공직을 원한다면 맡을 수 있는 가능성이 닫혀있지 않은 것이다. 이런 가능성을 열어두는 메커니즘이 민회의 개방성이고 인민재판원단의 자격 무제한 규정과 추첨제이며 500인집행위원회의 자원제와 추첨선발이다. 그런데 추도사에는 이런 메커니즘에 대한 언급이 일절 존재하지 않는다. 해리스나 다른 이들이 오해하는 것처럼 아테네 민주정은 모두가 정치를 하기 때문에 민주정인 것이 아니라 누구나 원한다면 정치를 할 수 있는 가능성이 실제로 있었기 때문에 민주정인 것이다. 즉, 다수에게 열려 있는 정치인 것이다. 또한 페리클레스가 추도사에서 능력에 따라서 공직에 진출한다는 것을 민주정의 특징으로 특히 강조하고 있는데 이것은 정확히 말하면 민주정의 특징이라기보다는 귀족정의 특징이며 현실과도 맞지 않는 말이다. 민주정치를 상징하는 핵심기관인 민회나 인민재판원단 혹은 500인집행위원회에 참여하기 위해서는 평판이 뛰어나거나 능력이 출중할 필요가 없었다. 실제로 아테네 인민재판원단 선발에서 재판할 능력을 점검하거나 500인집행위원회 선발에서 행정능력을 심사하지는 않았다. 따라서 페리클레스의 주장처럼 능력에 따라서 정치하는 것은 아테네 민주정과 무관한 이야기다. 오히려 능력과 무관하게 공직을 개방하는 것이 아테네 민주정의 핵심이다.

또한, 민주정의 특징으로 지적한 사항 중 재산의 유무와 관계없이 공직을 담당한다고 한 것이 있는데 이것은 완전히 틀린 말은 아니지만 그렇다고 또한 완전히 맞는 말도 아니다. 어느 정치체제에서나 마찬가지로 민주정에서도 공직을 담당하기 위해서는 어느 정도의 재산이 필요하다. 이것을 명문화한 것이 500인집행위원회의 자격기준이다. 또한 비록 재산을 자격기준으로 명문화하지 않는 경우에도 아테네 민주정치 기관에서 어느 정도 역할을 하려면 현실적으로 재산이 있어야만 한다는 사실을 부인하기 어렵다. 페리클레스 역시 민주정에서도 정치에 참여하기 위해서는 최소한의 금전적 여유가 필요하다는 사실을 인정해 민회 참석자들이나 재판원들에게 수당을 지급하는 제도를 도입했다. 이것은 현실적으로 재산이 아예 없는 경우 수당이 없었던 선출직은 물론이고 단순한 활동인 민회나 재판원 활동에도 참여하기 어려움을 시사하는 것이다. 따라서 가난하더라도 누구나 정치를 한다고 페리클레스가 자랑한 것은 과장된 면이 있다. 더군다나 아테네 정치가 가지고 있는 귀족정적 요소인 장군직의 경우 책임만 있고 급여는 없는 명예직이기 때문에 가난하다면 능력이 있더라도 쉽게 차지하려고 나서기 불가능한 직위였다. 실제로 이 직위는 아테네의 유명한 귀족가문들이 차지했다. 페리클레스 역시 그런 부유한 귀족가문 출신이다. 그리하여 재산이 없더라도 누구나 정치를 했다는 것은 아테네 민주정의 현실과 거리가 멀다.

3.2.3 페리클레스와 오타네스의 차이

페리클레스가 지적한 아테네 민주정의 특징은 오타네스가 자랑스럽게 열거한 다수에 의한 통치의 특징과 대비할 때 더욱 이상하다. 오타네스는 제비뽑기에 의한 공직 담당, 직무 수행에 대한 문책 가능성, 그리고 공중집회에서의 의사결정을 주요한 사항으로 열거했다. 하지만 이 세 가지 중 어느 것도 페리클레스의 민주정에 대한 칭송문에서는 분명히 드러나지 않는다. 다만, 마지막 사항과 관련되었다고 볼 수도 있는 구문이 존재한다. 하지만 이 역시 자세히 보면 직접적으로 연관성이 없다. 페리클레스는 아테네인들이 결정하기에 앞서서 토론하기를 좋아한다고 언급하고 있다. 이 구절은 후대의 토론 혹은 심의 민주주의자들이 매우 의미 있게 다루고 있는 부분이다. 많은 사람이 토론과 민주정을 연계하려고 하지만 페리클레스의 연설에 나오는 부문을 자세히 읽어보면 직접적으로 공중집회에서의 의사결정 과정을 강조한 것이라고 보기 어렵다. 해당 구절은 사실 공중집회에 관한 것이 아니라 심의 혹은 토론 자체를 강조하는 것이다. 즉, 그것은 아테네인들이 가진 문화적 행태를 논급한 것이지 민회의 의사결정을 부각한 것이 아니다.

3.2.4 법 앞의 평등과 법

페리클레스가 추도사에서 민주정의 특성으로 거론하고 있는 것 중에 법 앞의 평등은 오타네스가 다수에 의한 통치의 특징으로 지적한 이소노미아와 일맥상통해 보인다. 다만, 이것마저 오타네스는 다수의 통치 자체를 칭하는 이름으로 내세우고 있는 반면에 페리클레스에게 이것은 개인들의 사적인 차이에도 불구하고 그들에 대한 법률적 대우가 동등함을 의미한다는 면에서 서로 다르다. 앞에서 법률 앞의 평등이 의미하는 바는 논하였기 때문에 여기서 재론할 필요는 없다. 여기 페리클레스에게 법과 정의가 무엇을 의미하는지를 보여주는 대화가 있기에 살펴보고자 한다. 이 대화는 소크라테스의 제자였지만 나중에 아테네를 배신한 정치인 알키비아데스가 20세도 채 안 되어 페리클레스와 나눈 것이다.

> 페리클레스: 알키비아데스, 너는 법률이 무엇인지 알고 싶다고 했는데 네가 원하는 것은 그다지 어려운 일이 아니지. 다수가 모여 해야 할 일과 해서는 안 될 일을 정하여 심의하고 제정하면 그게 다 법률이지. (중략)
>
> 알키비아데스: 하지만 과두정에서 흔히 볼 수 있듯이 다수가 아닌 소수가 모여 해야 할 일을 제정한다면 그건 뭐죠?
>
> 페리클레스: 국가를 통치하는 권력이 해야 할 일을 심의한 뒤 제정한 것은 무엇이든 법률이라고 불리지.
>
> 알키비아데스: 그러면 정권을 잡은 참주가 시민들이 무엇을 해야 하는지 제정해도 그 또한 법률인가요?
>
> 페리클레스: 정권을 잡은 참주가 제정한 것도 역시 법률이라고 불리지.
>
> 알키비아데스: 그러면 페리클레스님, 폭력과 불법은 무엇입니까? 그것은 강자가 약자를 설득하는 대신 폭력을 사용하여 자기가 원하는 것을 약자에게 강요하는 행위 아닌가요?
>
> 페리클레스: 나는 그렇다고 생각해.
>
> 알키비아데스: 그러면 참주가 시민들을 설득하는 대신 무조건 행하도록 제정해 시민들에게 강요하는 것은 다 불법이겠네요? (중략) 또한 소수가 다수를 설득하지 않고 폭력으로 법안을 가결한다면 이 또한 폭력이라고 불러야 하지 않나요?
>
> 페리클레스: 내가 보기에 어느 한 쪽이 제정하고 제정하지 않고를 떠나

상대방을 설득하지 않고 행하도록 강요하는 것은 다 법률이 아니라 폭력인 것 같아.

알키비아데스: 그렇다면 민중 전체가 유산계급을 지배하며 이들을 설득하지 않고 제정하는 것도 다 법이 아니라 폭력이겠군요(*Memorabilia* 1.2.42-45)[17].

알키비아데스와 나눈 이른바 소피스트적인 대화에서 페리클레스는 평소 자신이 가진 법에 대한 관념을 드러내고 있다. 그는 법이란 우선 다수가 심의해 해야 할 것과 하지 말아야 할 것을 정하여 놓은 것이라고 했다. 하지만 소수정에서도 법이 존재하고 심지어 폭군인 참주의 1인 정치에서도 법이 존재하기에 자신의 발언을 수정해 국가권력이 심의 후 해야 할 것을 제정한 것을 법이라고 정정한다. 하지만 이마저도 포기하게 되는데, 명목상 법이라고 해서 다 법인 것은 아니며 법과 폭력의 경계선이 아주 모호하다는 결론에 이르게 된다. 타자에게 강요하는 것은 법이 아니라 폭력이기에 소수가 다수를 설득하지 않고 제정하여 강요하면 법이 아니라 폭력이고, 이것은 다수가 그렇게 해도 마찬가지이고 참주가 그렇게 해도 역시 법이 아니라고 정정한다. 그리하여 심지어 다수의 민중이 소수의 유산계급을 설득하지 않고 제정한 법도 실제로는 폭력이지 법이 아니라는 결론에 이르게 된다. 페리클레스 자신이 처음에 법으로 정의한 것이 나중에는 폭력이 되어 버린 것이다.

이런 법에 대한 논란에 비추어 볼 때, 사실 법 앞의 평등은 결코 민주정만의 특징이 아니다. 법은 특정 개인을 적용대상으로 하지 않는다는 의미에서 특수성보다는 보편성을 지니며 언제나 평등을 전제로 한다. 누군가 사적인 이유로 법의 적용에서 배제된다면 그것은 법이 아니거나 법

---

17) 여기서 1.2.42-45는 고전에서 제1권 2장 42절에서 45절을 의미한다.

이더라도 실효가 없게 된다. 그런데 이런 법은 다수만이 제정하는 것이 아니다. 왜냐하면 법은 알키비아데스가 지적하고 있듯이 자발적 복종을 필수로 하는데, 피지배자에 대한 법의 권위와 설득 여부는 법을 제정하는 주체가 많고 적음과 무관하기 때문이다. 비록 다수라고 할지라도 소수의 피지배자가 받아들일 수 없는 것을 법으로 제정하는 경우 그것은 명목상으로는 법이지만 실질적으로는 법의 가면을 쓴 폭력에 지나지 않는다는 것이 알키비아데스의 논리이다. 따라서 이소노미아나 법 앞의 평등은 단순히 민주정의 고유한 특성이라고 보기 어렵다. 민주정에서 다수가 정해 놓은 해야 할 것과 하지 말아야 할 것도 다수에 들지 못한 자들에게는 강요와 폭력일 수 있다. 설득 혹은 권위와 국가공권력은 법과 관련해 중요한 규정요소이며 특정 정치체제와 별개로 존재하는 한 이소노미아 역시 특정 정치체제의 특징이 아니다. 실제로 페리클레스가 추도사를 통해 칭송한 망자들은 그리스에서 가장 대표적인 법치국가인 스파르타와의 싸움에서 전몰한 자들이다. 스파르타 사람들은 오래전부터 내려오는 법이 비록 가혹하다고 할지라도 신주단지 모시듯이 해 좀처럼 바꾸지 않았고 그 집행에서는 차별 없이 아주 엄격히 했다. 그런데 흔히 혼합정으로 이해되는 스파르타의 정치체제는 규정하기 쉽지 않지만 민주정보다는 귀족정에 가깝다.

3.2.5 다수와 데모스

페리클레스의 추도문에서 눈여겨 볼 또 다른 부분은 그가 다수와 소수를 구분해 '다수'를 위한 혹은 '다수'를 염두에 둔 정치를 민주정이라고 정의했다는 것이다. 여기서 어떤 이들은 다수를 민중 혹은 인민(the people)으로 번역했다. 원어에서 'the people'이 칭하는 바가 'the many'라는 것을 알고 그렇게 사용한다면 상관이 없다. 하지만 원어를 보지 않

은 사람들은 여기서 'the people'을 'demos'였을 것이라고 오해할 소지가
많다. 그리스어 다수($\pi\lambda\epsilon\acute{\iota}\omega\nu$)는 인민, 국민 혹은 데모스($\delta\tilde{\eta}\mu o\varsigma$)와는 어
감이 다르다. 우선 데모스의 경우 흔히 인민, 국민 혹은 시민으로 번역하
지만 여기서 데모스는 국가의 시민이라는 보편적인 의미로 보기 어렵다.
내포하는 의미가 그보다 훨씬 특수하다. 국민은 그냥 어떤 정체이든 그
나라에 사는 시민을 의미한다. 그것이 반드시 특정 정치체제와 연결되어
사용될 필요가 없다. 여기서 물론 시민을 어떻게 정의하느냐에 따라 의미
가 또 달라질 수 있다. 시민을 정치참여권이 있는 주민으로 보면, 왕정의
경우 왕이 시민이고 과두정의 경우 정치참여를 하는 소수의 집단 구성원
이 시민이다. 이렇게 정의한 시민은 정치체제와 관계없이 어느 나라든 존
재하는 것이다. 따라서 합성어 'democracy'의 일부인 데모스를 'the
people'로 번역하고 이것을 다시 국민으로 번역하는 것은 데모스의 실질
적 의미와 맞지 않다. 그렇게 한다면, 모든 정치체제가 데모스의 정치가
되어 버린다. 따라서 페리클레스의 연설문에서 정치를 소수가 아니라 '국
민' 혹은 '시민'을 위해서 하기 때문에 민주정이라고 부른다고 해석하면
문제가 되는 것이다. 실제로 아테네인들이 의미하는 데모스는 오늘날 공
산주의자들이 사용하는 인민이라는 의미와 비슷하다. 오늘날 인민은 특정
사회경제적 계층을 의미하는데, 이런 용법은 데모스의 원래적 의미와 상
통한다.

　　이와 관련해 소크라테스가 그의 제자 중 한 명과 나눈 다음 대화는
시사하는 바가 크다. 소크라테스는 제자한테 먼저 민주정이 무엇인지 아
는지 다짐을 받은 후에 다음과 같은 대화를 나눈다.

　　소크라테스: 그럼 이제, 데모스가 무엇인지 알지 못하면 민주정이 무엇
　　　　인지 알 수 있겠는가?

에우튀데모스: 물론 아니지요.

소크라테스: 자, 그럼 너는 누가 데모스라고 생각하나?

에우튀데모스: 가난한 시민들이라고 생각합니다.

소크라테스: 그럼 너는 가난한 자들이 누구인지 알고 있는가?

에우튀데모스: 물론 알지요.

소크라테스: 내가 보기에 너는 또한 부자가 누구인지도 알고 있겠군?

에우튀데모스: 가난한 자들이 누구인지 알듯이 확실히 그러합니다.

소크라테스: 너는 가난한 자와 부자를 누구라고 이해하고 있나?

에우튀데모스: 가난한 자들은 생필품을 구하지 못할 정도로 넉넉하지
　　　못한 사람들이고 부자들이란 생필품을 능가하는 재화들을 가지고
　　　있는 자들이라고 규정하고자 합니다(*Memorabilia* 4.2.37).

여기서 보듯이 그 당시 데모스는 통상적으로 가난한 자들을 의미하
는 계급적인 용어였다. 하지만 민주정을 위해 전사한 자들을 추도하며 애
국심을 고취하고자 하는 페리클레스의 입장에서 볼 때 이런 계급적인 요
소를 희석시키는 용어를 사용하는 것이 좋다. 그리하여 그는 데모스가 아
니라 다수라는 용어를 사용하고 있는 것이다. 가난한 자들이 조국을 위해
서 죽었다고 말하는 것보다 체제를 유지하기 위해 다수가 기꺼이 자기희
생을 각오하였다고 말하는 것이 추도사에는 더 어울린다. 또한 페리클레
스는 민주정을 정의할 때 데모스 대신에 다수라는 용어를 사용했기 때문
에 민주정(δημοκρατία)을 그리스 글자 그대로 풀어서 데모스의 크라티
아라고 공허하게 정의하지 않을 수 있었다.

3.2.6 자유와 평등

페리클레스가 민주정의 특징으로 언급한 나머지 것들 중에서 추가로

논의하고자 하는 것이 있는데 그것은 바로 자유이다. 자유는 사실 민주주의 개념만큼이나 한없이 방대한 논의 주제이기에 여기서 온전히 다루기는 어렵다. 따라서 우리의 주제와 관련한 부분만 간단히 언급하고자 한다. 강의실에서 학생들에게 민주주의가 무엇이냐고 물으면 꽤 많은 이들이 자유라고 대답한다. 실제로 '아시아 바로미터 조사(Asian Barometer Survey 2006)'에서 민주주의가 무엇이라고 생각하느냐는 질문에 우리나라 사람들이 가장 많이 내놓은 답이 자유였다. 1,212명의 설문자 중에서 607명이 자유나 자유가 들어간 단어로 답했다.[18] 이것은 쉽게 이해가 가지 않는다. 왜냐하면 민주주의 그 자체가 자유라기보다는 민주주의를 제대로 구현하기 위한 조건이나 민주주의를 제대로 한다면 발생하는 결과적 현상이 자유이기 때문이다. 민주주의는 어디까지나 이런 이념이나 관념이 아니라 우선은 정치 주체의 문제이고, 둘째는 정치 메커니즘의 문제이다. 오타네스가 다수에 의한 통치를 이야기하면서 자유를 언급하지 않고 공동체 의사결정 메커니즘을 열거한 것은 우연이 아니다. 그런데 아테네 민주정을 이야기하면서 페리클레스가 오타네스와 달리 자유를 들고 나온 것이다. 그가 말하는 자유는 두 가지이다. 하나는 빈곤이나 사회적 신분과 무관하게 공직에 진출할 수 있는 것이고, 다른 하나는 법을 어기지 않는 한 사적인 영역에서 시민이 하고 싶은 대로 하는 것이다.

그런데 이 두 가지 자유 중 공직진출과 관련한 전자의 자유는 자유이기도 하지만 사실상 평등이기도 하다. 왜냐하면 이런 식의 자유는 부나 신분의 차이와 상관없이 누구에게나 공직을 맡을 권한이 평등하게 주어진다는 의미이기 때문이다. 이것은 부와 신분의 차이가 없어지는 실질적 평등을 의미하지는 않지만, 부와 신분의 차등에도 불구하고 누구나 평등하게 공직을 맡을 수 있도록 한다는 기회의 평등이다. 이런 소극적인 자유와 기

---

18) 보다 체계적인 설문결과의 비교 분석은 Dalton, Shin, and Jou(2007) 참조.

회의 평등마저도 아테네 시민 모두가 정치의 전 영역에서 누렸던 것은 아니다. 가령, 자산기준에서 아테네의 최하위 계층은 인구의 절반이 넘었지만 500인집행위원회에 들어가는 것이 금지되었기 때문에, 500인집행위원회와 관련해 그들은 소극적인 의미의 자유를 누리지 못했고 나머지 상위 세 개 계급과 평등하지도 않았다. 또한 노예와 거류 외국인의 경우 아테네에서 누구나 정치를 할 수 없도록 금지했기 때문에 이들 역시 소극적인 의미에서 자유롭지 못하고 시민과 평등하지도 않았다. 여기에 더하여 노예들은 적극적인 의미에서도 정치적으로 자유롭지 못했다. 장애물은 차치하고서라도 이들은 정치를 할 것이냐 말 것이냐를 마음대로 택할 수 없었다.

다른 한편, 표면적으로 보기에는 정치를 할 것인가 말 것인가를 택할 자유를 누리는 자유인들도 아테네의 사회적 분위기를 감안하면 실제로 적극적인 자유를 많이 누렸는지 의문이다. 페리클레스에 따르면, 아테네인들은 능력이 있는데도 불구하고 공무 혹은 정치에 관심이 없는 사람이 있다면 그는 야망이 없는 사람 정도로 취급하는 것이 아니라 아예 쓸모없는 인간으로 취급한다고 자랑스럽게 말한다. 그만큼 아테네에서 정치적 무관심은 오늘날과 달리 사실상 사회적 금기사항이었던 것으로 보인다. 공적인 것에 대한 관심을 가지도록 사회적 압박이 강했고 부자들은 공공사업이나 대중적 축제의 비용을 자비로 떠맡는 것이 당연시되었던 당시 집단적 분위기로 보면, 아테네인들이 정치에서 자유롭게 지낼 것인지 아닌지를 얼마나 적극적으로 선택할 수 있었는지 의문이다. 이런 사회적 분위기의 중요성은 아테네에서 능력에 따른 공직진출이 사실상 사회적 평판도에 따른 공직진출을 의미했다는 것에서도 확인이 가능하다. 앞에서도 지적한 바와 같이 페리클레스는 아이러니하게도 민주정의 특징으로 능력에 따른 공직진출을 찬미하였는데 여기서 그가 말하는 능력이란 다름 아닌 사회적 평판도였다. 그 당시 공무수행 능력의 평가는 부와 신분과 달리 객관적으로 측정하기가 불가능했고 오늘날처럼 어떤 시험을 보는 것이 아니었기에 단순히 대중의 평판도에 의존했다. 평판도 자체가 나쁘다고 하여 명시적으로 공직을 금지하는 제도적 규정은 없었지만, 능력을 중시하는 선출 공무직의 경우 그런 사람이 선발될 가능성은 희박했다. 따라서 이런 직위에 관심이 있는 사람들은 대중의 평판도나 사회적 압력으로부터 자유롭지 못했을 것이다. 대표적인 예가 키몬(Cimon)이다. 그는 당대의 부유한 정치인으로 페리클레스의 정적이기도 했는데 자신의 재산을 가난한 사람들에게 마음껏 베풀었다(플루타르코스 2016, pp.836-863). 또한 페리클레스가 빈민들을 위해서 재판수당을 도입한 것도 대중적 평판도 유지와 무관하지 않았다.19)

---

19) 대중적 평판도가 반드시 재력에서 나오는 것은 아니지만 이 사례에서 보듯이 평판도, 즉 능력에 따른 공직진출은 앞에서 페리클레스가 강조한 부와 무관한 공직진출과 상반되는 것이다.

3.3 민주정에 대한 최초의 비판서: 익명의 『늙은 과두정치가 (Old Oligarch)』

오타네스와 페리클레스의 칭송으로 민주정에 대한 개념의 역사는 시작되었지만, 거의 비슷한 시기에 민주정에 대한 비판과 비난의 역사도 시작된다. 비판적인 역사의 시작을 알리는 저술은 『늙은 과두정치가(Old Oligarch)』 혹은 『아테네의 헌법』이라는 별칭을 가진 소고에서 찾아볼 수 있다. 이 글은 크세노폰의 작품집에 섞여 있었지만, 연대기로 보면 그가 어린이일 때 다른 익명의 저자가 쓴 것이다. 이것은 아테네에서 가장 오래된 산문으로 평가받는데, 여기에는 페리클레스의 이상주의적인 추도문과 달리, 민주정에 대한 최초의 냉정한 현실주의적 평가가 들어 있다. 물론 이런 평가는 페르시아 귀족인 메가비조스가 한 비판의 연장선상에 있다. 이 소고에 따르면, 아테네의 빈민과 평민들은 비록 가진 것은 없었지만 인력으로 움직이는 수많은 전투선의 노를 젓는 사공이 되어줌으로써 아테네가 강력한 국가로 성장하는 데 기여했다. 이런 공헌에 힘입어 이들은 국가권력을 장악해 민주정을 세울 수 있게 되었다. 이들은 국가의 안전에 필요불가결한 자리를 제외하고 나머지 공직을 제비뽑기로 나눠가지며 수당도 지급받았다. 또 이들은 민회에서 마음대로 연설도 할 수 있었고, 부자들과 훌륭한(good) 자들을 위하기보다 자신들의 이익을 도모하는 정치를 했다.

그렇다면 이런 가난뱅이들의 축제 같은 민주정이 왜 문제인가? 익명의 저자에 따르면, 민주정의 지배자인 가난뱅이들은 훌륭한 자들과 달리 방만하며, 수치스럽고 부정한 행위를 일삼으며, 교육을 받지 못해 무엇이 가치 있는지를 분별할 줄 모르기 때문이다. 그들에게는 무질서와 사악함과 무지가 넘쳐난다. 이런 아테네 민주정에 대한 비판은 페리클레스의 주장과 크게 차이가 있다. 페리클레스의 경우 아테네인들은 가난 자체를 수치스러워하지 않는다고 했지만 이 비판에서는 가난이 바로 수치스러운 것으로 기술되고 있다. 또한, 페리클레스가 민주정의 특성으로 입이 마르도록 칭찬한 자유로운 상태는 오히려 무질서한 상태로 기술된다. 심지어 노예조차도 자유로울 정도로 무질서하다고 비판한다. 아테네에서는 평민과 노예를 외모로 구분하기 어렵고 노예를 함부로 체벌하지 못하며, 심지어 일부 노예는 사치스럽고 고상하게 살기까지 한다고 개탄한다.

또한, 국내에서는 시민과 거주민들이 자유를 누리고 있음에도 불구하고 대외적으로는 아테네가 강력한 해군력을 바탕으로 동맹국을 종속국가로 만들어 착취한다고 비판한다. 그리고 동맹국의 내정에 간섭해 그 나라의 훌륭한 자들을 제거하고 빈민들에게 힘을 실어준다. 또한 동맹국 사람들이 잘잘못을 가리기 위해 아테네의 법정까지 와서 재판을 받도록 강요하고 그로부터 수익도 챙긴다고 신랄하게 비판한다. 이런 제국주의적 태도는 아테네 민주정의 어두운 면이었다.

심지어 어떤 학자는 아예 이런 제국주의가 아테네 민주정 자체이거나 그로 인해 발생한 것이라고 본다(Galpin 1984). 오늘날 종속이론가들이 그 당시에 존재했다면 이들은 놓치지 않고 분명 아테네가 누렸던 번영이 바로 명목상으로는 동맹국이었지만 실제로는 종속국가들에 불과했던 국가들이 부담하였던 온갖 희생 덕분에 일어난 것이라고 주장했을 것이다. 비록 이런 주장들처럼 아테네 민주정이 제국주의 때문에 생긴 것은 아니라고 할지라도 적어도 그것을 유지하는 데에는 제국주의적인 착취가 배경이 되었음은 분명하다. 아테네의 동맹국들은 자신들의 함정을 동맹함대에 증파하거나 아니면 일정한 금액의 현금을 동맹비로 부담했는데 많은 동맹국들이 함정보다는 현금을 내는 것을 선호했고 이런 현금의 일부는 아테네가 함정을 늘리거나 유지하는 데 사용했기 때문에 이미 강한 아테네 해군은 더욱 강력해질 수 있었던 것이다(Fling 1907, p.150).

또한, 원래 아테네의 동맹국들이 내는 부담금을 징수해 보관하는 금고는 델로스 섬에 두어 아테네 출신이 관리했는데, 나중에는 페리클레스가 금고를 아예 아테네로 옮겨서 아테네를 위해 사용했다. 이렇게 동맹국들이 낸 헌납금은 오늘날 그리스 건축의 정수로 알려진 파르테논 신전을 건축하는 데에도 유용되었다. 뿐만 아니라 그런 동맹국의 헌납금 덕분에 민주정에 참여하는 아테네 시민에게 각종 수당을 신설해주거나 기존 수당을 증액해줄 수 있었다. 이것은 원래 델로스 동맹(Delian League)을 맺은 취지와 아주 어긋나는 것이었다. 동맹의 원래 취지는 페르시아의 재침에 대비하는 것과 같이 모두 페르시아와 관련된 것이었다. 아테네인들은 국내 정치에서는 모두가 정의롭게 같은 대접을 받기를 원했지만, 국제질서에서는 이런 정의를 무시하고 오로지 힘이 지배하는 것을 당연시했다. 즉, 그들이 보기에는 국제정치에서는 강자가 원하는 것이 정의였던 것이다. 그들은 동맹국들한테 아테네의 화폐와 계량 척도만 사용하도록 강요함으로써 동맹국의 경제적 주권을 박탈함은 말할 것도 없고, 동맹국들이 정치적인 중립을 지키려고 하거나 동맹에서 벗어나고자 하면 무참하게 탄압했다(Asmonti 2015, p.156; Galpin 1984, p.105, p.107). 이것은 민주정이 갖는 경계선의 한계를 보여준다. 일정 경계까지 거주하는 사람들에게는 민주정이 주창하는 원칙이 통용되었지만 그 경계를 넘어선 경우에는 반민주정 원칙이 적용되었다.

소크라테스와 초기 플라톤의
민주정에 관한 담론

"Socrates Address," Louis Joseph Lebrun(1867)
(출처: Wikimedia Commons)

소크라테스와 초기 플라톤의
민주정에 관한 담론

4.1 소크라테스의 정치적 단상들

위대한 스승 없이는 위대한 제자가 없다고 강조한 소크라테스는 정작 자신의 스승이 누구인지는 분명히 밝히지 않았다. 그리하여 아리스토텔레스의 스승이 플라톤이고 플라톤의 스승이 소크라테스인 것은 널리 알려져 있지만, 소크라테스의 스승이 누구인지는 대중적으로 알려져 있지 않다. 이것은 소크라테스가 독학을 했다는 것을 의미하지 않는다. 그에게도 분명 스승 혹은 스승들이 있었지만 그는 구두로나 저술로 스승에 관한 이야기를 남기지 않았을 뿐이다(Wiggers 1870, pp.373-382).[20] 이것은 플라톤이 글을 쓸 때, 자기 글인지 스승의 글인지 헷갈릴 정도로 모호하게 소

---

20) 혹자는 마치 이슬람의 무하마드가 일자무식인 상태에서 신의 목소리를 들어 위대한 사상가로 변신한 것처럼 소크라테스 역시 어느 날 그가 세상에서 제일 똑똑한 자라는 델피의 신탁을 친구한테서 전해 듣고서 뒤늦은 나이에 진정한 앎 혹은 지혜를 추구하게 되었다고 전한다.

크라테스를 자주 언급하고 있는 것과 대조적이다.

이렇게 그의 스승이 누구인지 불분명할 뿐만 아니라 소크라테스는 논어에 나오는 공자나 기독교 경전에 나오는 예수와 마찬가지로 자기 생각을 스스로 기록해 남기지 않았다. 따라서 소크라테스의 사고는 전부 다른 사람들이 남긴 기록을 참고해 파악할 수밖에 없다. 이것마저 대부분 일화나 들은 이야기를 전하는 형식이라 그의 정치와 민주정에 관한 체계적인 사상은 찾아보기 어렵다. 그럼에도 불구하고 우리는 민주정에 관한 소크라테스의 단상을 살펴보지 않을 수 없다. 왜냐하면 민주정에 관한 플라톤의 사상을 이해하기 위해서는 그의 사상 전반에 지대한 영향을 미친 소크라테스를 이해할 필요가 있기 때문이다. 그리하여 이 장에서는 플라톤의 민주정을 이해하기 위한 예비적 고찰로서 소크라테스의 정치적 사고들을 우선 살펴보고자 한다. 민주정 개념에 관한 플라톤의 본격적인 논의는 그의 초기 저작인 『메넥세노스(Menexenus)』를 필두로 다음 장인 제5장에서 시작할 것이다.

여기서 우리가 참고할 민주정에 관한 소크라테스의 단상은 크세노폰이 기록한 『소크라테스 회상록(*Memorabilia*)』에 등장하는 것이다.[21] 플라톤의 저작들이 스승의 생각과 자신의 생각을 뒤섞어 혼동을 야기하는 것에 비해 똑같이 소크라테스의 제자인 크세노폰이 쓴 『소크라테스 회상록』은 비교적 소크라테스의 생각을 사실대로 전하고 있다. 플라톤에 비해 그는 자신의 사고를 개진하는 사상가라기보다는 보고 들은 것을 기록하는 역사가에 가깝다. 이런 크세노폰의 기록을 통해 플라톤이 나중에 자신의 방식대로 재해석하기 이전에 존재했던 소크라테스의 민주정에 관한 사고를 읽을 수 있다.

---

21) 여기서 인용하는 『소크라테스 회상록(*Memorabilia*)』의 영문판은 Xenophon(1852), Xenophon(1891), 그리고 Xenophon(1923)을 참조. 인용과 참고 부분은 쪽수가 아니라 모두 권, 장, 절을 의미한다.

4.1.1 정치는 전문가에게

민주정에 관한 소크라테스의 단상은 우선 그의 정치에 대한 이해에서 출발해야 한다. 그는 정치를 그 당시 민주정 아래 팽배하고 있던 생각과 달리 아무나 하는 것이 아니라 전문적인 지식과 역량을 가진 사람만이 해야 하는 전문지식의 영역이라고 보았다. 우리는 그의 정치에 대한 인식을 다음 두 가지 일화를 통해서 읽을 수 있다. 하나는 아는 것이 없는 사람이 야망만 가득해 정치를 하려고 하는 것을 나무라는 것이고, 다른 하나는 정치할 소질이 풍부함에도 불구하고 정치를 회피하려고 하는 것을 꾸짖는 이야기이다. 우선 앞의 이야기는 소크라테스가 플라톤의 형인 글라우콘(Glaucon)과 나눈 것이다.

[아리스톤(Ariston)의 아들이자 (플라톤의 형인) 글라우콘은 비록 20세도 안되었지만 웅변가가 되려고 시도하고 국가의 지도자가 되려 하였다. 그는 연단에서 강제로 끌려 내려오고 대중의 웃음거리가 되곤 하였다. 하지만 그의 친구나 친척 누구도 그를 말릴 수 없었다. 단지 글라우콘(동명이인, 외할아버지)의 아들(즉, 젊은 글라우콘과 플라톤의 외삼촌인) 카르미데스(Charmides)와 플라톤 때문에 그에게 관심을 가졌던 소크라테스만이 그를 제어할 수 있었다.]

어느 날 소크라테스가 길 가는 그와 마주치자 멈추어 세우고 주의를 끌고자 말을 걸었다.

소크라테스: 글라우콘, 자네는 국가에서 최고 우두머리가 되려고 마음
을 먹었다지?

글라우콘: 네 그러합니다. (중략)

소크라테스: 그럼 국가에 대한 봉사를 어떻게 시작하고자 하는지 말해
보게.

지금까지 어떻게 그런 일을 시작할지를 생각해본 적이 없는 것이
분명해 보이는 글라우콘이 아무 말도 못하고 있자, 소크라테스가
말을 이어갔다.

소크라테스: 만약에 자네가 친구의 자산을 불려주려고 한다면, 그를 더
부유하게 만드는 방법부터 시작하지 않을까? 그렇다면 우리 국가도
그와 마찬가지로 부유하게 만들려고 애쓰지 않겠나?

글라우콘: 그렇지요.

소크라테스: 만약에 국가가 더 많은 세수를 거둔다면 더 부유하지 않을까?

글라우콘: 아마도 그렇겠지요.

소크라테스: 그럼, 현재 국가의 수입원이 무엇이고 그 총액이 얼마인지
말해보게. 물론 자네는 부족한 부분의 수입을 늘리고 부족분을 채
우기 위하여 이 문제를 살펴보았을 것이네.

글라우콘: 아니 저는 결코 그렇게 살펴보지 못하였습니다.

소크라테스: 그럼 그 문제를 차치하고 국가의 지출에 대해서 말해보게.
분명히 자네는 지나치게 쓰이는 품목을 축소하려고 할 테니.

글라우콘: 사실, 저는 그 문제도 지금까지 살펴볼 시간이 없었습니다.

소크라테스: 오, 그럼 국가를 더 부유하게 만드는 일은 뒤로 미루지. 왜
냐하면 수입과 지출에 대해서 잘 모르면서 어떻게 수입과 지출을
관리할 수 있단 말인가?

[이어서 글라우콘이 적의 재산을 빼앗아 나라를 부유하게 만들 수 있다고 하자, 소크라테스가 글라우콘에게 그렇다면 전쟁에서 이겨야 하니 아테네 육군과 해군의 군사력 그리고 적국의 군사력을 아는지 물어보고 영토 수호를 하려고 하는 경우 어느 정도의 병력이 필요하고 병력을 어디에다 얼마나 배치해야 하는지를 아느냐고 물었다. 하지만 글라우콘은 이런 것에 대해서도 무지할 뿐이었다.]

(중략)

소크라테스: 글라우콘, 자네의 지나친 야심으로 몰락하지 않도록 주의하게. 자네가 알지 못하는 것을 말하거나 그런 것을 실행하는 것은 얼마나 위험한지 모르겠는가? 자네가 알고 있는 사람 가운데 자신들이 분명히 알지 못하는 것을 말하고 행하는 그런 부류의 사람들을 생각해보게. 자네는 그들이 칭찬을 받을 것이라고 보나 아니면 그로 인하여 욕을 먹을 것이라고 보나?
그래서 만약에 자네가 공직 생활에서 명성과 칭송을 얻고자 한다면 자네가 제안하는 것에 대해서 철저하게 알고 난 다음에 하도록 하게. 만약에 자네가 다른 사람을 이길 수 있는 이런 이점을 가지고 공직 생활을 시작한다면 자네의 야망을 아주 쉽게 성취할 것으로 보네(3.6).

여기서 보듯이 소크라테스는 국가나 대중을 위해서 뭔가를 하고자 하는 의욕만으로는 결코 정치를 할 수 없으며, 구체적으로 무엇을 어떻게 하는지 방법을 깨우치지 못한다면 정치를 하지 말아야 한다고 본다. 정치를 하는 것은 개인의 자유로운 선택과 의지의 문제가 아니라 능력의 문제라는 것이다. 남을 위해 뭔가를 하려면 우선 자신이 뭔가를 알아야 하며,

하고자 하는 일이 아무리 멋있어 보이더라도 무식한 자는 그 일을 해서는 안 된다고 본다. 실천 이전에 아는 것을 강조하는 것은 단순히 소크라테스 개인의 생각만은 아닌듯하다. 회상록의 다른 부분을 보면 당시 아테네 정치에서 민회는 20세 이상이면 참가할 수 있었지만 500인집행위원회의 경우 그 나이를 30세 이상으로 정하였는데 그 이유는 그보다 젊은 사람들은 지혜가 모자라기 때문이라고 기술했다(1.1.35).

이런 사고의 연장선상에서 소크라테스는 국가의 공무수행원들을 추첨으로 선발하는 것을 어리석은 짓이라고 보았다. 이것은 그를 죽음에 이르게 한 고소인들이 그에게 쏟아낸 비난이지만, 그의 평소 논리를 보면 그가 실제로 그런 주장을 했을 가능성이 높다. 소크라테스의 논리는 항해에서 선원들의 삶과 죽음을 좌우할 수 있는 선장이나 특별한 기술을 필요로 하는 목수나 피리 연주자들을 선정할 때 추첨으로 하지 않는데, 어떻게 공동체의 운명과 같이 그보다 더 중대한 문제를 다루는 공무수행원들을 추첨으로 선발할 수 있는가에 대해 의문을 제기하지 않을 수 없다는 것이다(1.2.9). 즉, 정치도 다른 기술과 마찬가지로 특별한 지식을 필요로 한다는 의미이다. 이런 면에서 통치자에게 필요한 덕목은 아는 것 혹은 지혜이다. 지혜로움은 정의와 그 밖의 모든 좋은 것을 실천할 수 있게 해주는 능력이다. 왜냐하면 무엇이 정의이고 무엇이 좋은 것인지 모르는 자는 비록 정의롭거나 좋은 것을 하고자 하더라도 결국 하지 못할 것이기 때문이다.

아는 것이 통치자의 덕목일 뿐만 아니라, 나아가 심지어 아는 것 자체가 곧 통치이다. 그에 따르면 "왕과 공무수행원들은 권위의 징표를 쥐고 있는 자도 아니며, 대중에 의해서 선출된 자도 아니며, 추첨으로 선택된 자들도 아니며 폭력이나 속임수로 권력을 장악한 자들도 아니며 오로지 어떻게 통치하는지를 아는 자들일 뿐이다(3.9.10)." 즉, 그는 누가 통치자냐 혹은 정치가인가를 물었을 때 현재 권력을 가지고 있는 자들이 아니라 통치하는 방법을 아는 자라고 단정한다. 그만큼 아는 것이 통치의 핵심이다.

이런 앎 또는 통치에 필요한 능력의 강조는 소크라테스가 모르는 자는 정치를 하지 말아야 한다고 한 것을 통해서도 알 수 있을 뿐만 아니라, 능력이 있는데도 불구하고 정치하지 않는 것을 죄악시하는 것에서도 살펴볼 수 있다. 크세노폰은 회상록에서 소크라테스가 무지하지만 능력이 없는 젊은 글라우콘이 정치를 하고자 하는 것을 나무란 것과 대조적으로 그의 외삼촌인 카르미데스가 정치를 할 수 있는 능력이 있음에도 불구하고 정치판에 뛰어들기를 겁내는 것을 꾸짖는 일화를 전하고 있다.

글라우콘의 아들인 카르미데스가 존경을 받을만한 인물이고 당시 정치인들보다 훨씬 더 능력이 뛰어나지만 현실 정치에 참여하고 민회에 나가 연설하는 것을 꺼리는 것을 알고서 그가 말했다.

소크라테스: 카르미데스, 큰 경기에서 이길 수 있는 능력을 가지고 있어 자신에게는 명예를 가져다주고 자기 나라에는 명성을 더 높여줄 수 있는데도 불구하고 경기에 참여하지 않으려고 하는 사람이 있다면 자네는 어떻게 생각하는가?
키르미데스: 당연히 저는 그런 사람은 완전 겁쟁이라고 생각하겠지요.
소크라테스: 그러면 어떤 사람이 국사를 잘 돌보아 국가에 이득을 주고 자신에게는 명예를 줄 수는 능력이 있는데도 불구하고 그런 것을 꺼려한다면 그 사람은 겁쟁이라고 생각하는 것이 마땅하지 않을까?
키르미데스: 아마도 그렇겠죠. 그런데 왜 그런 질문을 저한테 하세요?
소크라테스: 왜냐하면 자네가 시민으로서 의무이기도 하고 자네의 능력 안에서 가히 할 수 있는 일이 있는데도 내가 보기에 자네가 꺼려하

기 때문이네.

키르미데스: 아니 왜 그렇게 생각을 하세요? 당신이 보시기에 제가 어떤 일을 잘할 능력이 있다고 생각하세요?

소크라테스: 공적인 일들을 하는 사람들을 대할 때 그렇네. 그들이 자네의 조언을 구할 때마다 자네가 항상 훌륭한 조언을 하고 그들이 실책을 할 때마다 자네는 항상 적절한 비판을 하였다네.

키르미데스: 소크라테스 선생님, 사적인 대화는 군중과의 토론과 매우 다른 것입니다.

소크라테스: 그러나 자네도 알다시피, 수치에 밝은 사람은 혼자 있을 때나 마찬가지로 군중 속에서도 잘 셀 수 있으며 하프를 혼자서 제일 잘 연주하는 사람들은 그에 못지않게 청중 앞에서도 뛰어나게 한다네.

키르미데스: 그렇지만 선생님이 보시기에도 확실하게 수줍음을 타는 것과 겁을 먹는 것은 사람의 타고난 본성이고 이것은 사적인 모임보다도 군중 앞에서 훨씬 더 강하게 나타나지 않나요?(3.7.1-5)

이렇게 대중연설공포증 혹은 연단공포증(glossophobia) 때문에 카르미데스가 그 당시 훌륭한 정치가들이라면 누구나 하는 민회나 대중 앞에서의 연설을 꺼리는 것을 두고 소크라테스는 이해하기 어렵다고 한다. 카르미데스에게는 분명 상대방을 움직이는 말재주가 있음에도 소크라테스가 보기에 보잘 것 없는 인간들 앞에서는 그런 말재주를 사용하지 못하기 때문이다. 여기서 우리는 소크라테스가 민주정의 핵심 기관 중 하나인 민회에 대해서 품고 있는 인식을 엿볼 수 있다. 그는 앞의 대화에 이어 다음과 같이 말하고 있다.

소크라테스: 그렇다고 볼 수 있지. 그런데 내가 한 마디 충고를 할까

하네. 가장 현명한 자들 앞에서도 자네는 수줍음을 타지 않고 가장 힘 있는 자들 앞에서도 자네는 겁을 먹지 않는데, 유독 청중이 **멍청한 자들과 무기력한 자들로 구성되어 있는 경우** 그들 앞에서 연설하기를 부끄러워하네.

그런데 도대체 자네가 부끄러워하는 그들이 어떤 사람들인가? 그들은 직물장이이거나 구두수선공이거나 목수이거나 대장장이이거나 농부이거나 상인이거나 싸게 사서 비싸게 팔 궁리만 하는 시장의 장돌뱅이에 불과하지 않는가? 왜냐하면 민회라는 게 다름이 아니라 이런 부류의 사람들로 이루어져 있기 때문이지. 자네는 잘 훈련된 운동선수를 이길 수 있지만 아마추어는 상대하기를 겁내는 사람처럼 처신하네. 자네는 국가의 제1인자들과 대화할 때도 스스럼이 없고 그들 중 일부는 자네를 심지어 경멸한 적도 있다네. 그리고 자네는 평범한 부류의 정치인들보다 훨씬 탁월한 말재주를 가지고 있네. 그럼에도 불구하고 공무에 관해서 단 한 번도 생각해본 적이 없고 아직 자네를 경멸한 적이 없는 사람들 앞에서는 자네가 연설하기를 부끄러워하네. 그것도 이 모든 게 다 자네가 조롱받을까봐 겁내서 그렇다네(3.7.5-7, 강조는 저자 첨가).

카르미데스가 그들 앞에 서기를 겁내는 이들은 소크라테스가 보기에 정치를 할 만큼 아는 자들도 아니며 힘이 있는 자들도 아니다. 그들은 개개인적으로 보면 멍청하거나 무기력한 자들에 불과하다. 그들은 장인이거나 농부이거나 상인일뿐이다. 그들은 정치에는 전문가가 아니라 아마추어에 불과하다. 그러니 카르미데스와 같은 전문적인 능력을 가진 자가 정치에 나서야 한다는 것이다. 그리고 이런 능력이나 지식은 저절로 생겨나는 것이 아니라 훈련받거나 공부를 해야 취득할 수 있는 것이다. 더군다나 소크라테스는 이런 정치적 능력은 다른 기술보다 더 배우기가 어려운 것이라고 보았다. 그는 이 정치적 기술을 배우려면 더 오랫동안 열심히 배워야 한다고 했다. 이런 능력이 없이 정치인이 되겠다는 것은 마치 공중보건의에 지원하는 자가 자기는 의술을 배운 적도 없고 어떤 의사를 스승으로 삼은 적도 없으며 그로부터 배우는 것을 늘 회피하여 왔다고 주장하면서도 그 자리를 요구하는 것만큼 우스꽝스러운 일이라고 보았다(4.2.5-6).

4.1.2 일반시민은 통치자와 법에 복종해야

이와 같이 소크라테스의 경우 일반시민과 정치가 혹은 정치적 전문 능력이나 지식을 가진 자를 구분하면서, 후자의 의무는 통치하는 것이고 전자의 의무는 그들의 조언을 따르거나 법을 지키는 것이라고 본다. 그는 통치자와 피치자의 덕목을 구분하고 전자의 역할은 누군가가 마땅히 해야만 하는 것을 분별해 명령하는 것이고 후자의 역할은 복종하는 것이라고 보는데 이것은 그 둘 간의 전문지식의 차이에서 비롯된다. 그는 누구나 필요한 지식을 가지고 있는 분야에서는 스스로 행하는 것이 맞지만 그렇지 못한 경우에는 전문지식을 가진 자를 따르는 것이 마땅하다고 보았다(3.9.11). 이것은 아테네 민주정에서 민이 잘 할 수 있는 것은 민이 하지만 그렇지 못한 경우에는 별도로 정치가를 두어 그에게 위임하는 것이 옳다고 보는 것이 된다. 여기서 알 수 있는 것은 소크라테스가 보기에 아테네 민주정 아래 정치에서도 피치자가 통치자가 되고 통치자가 피치자가 되는 것이 아니라 정치적 능력이 없는 피치자의 경우 그런 능력이 있는 자에게 통치를 맡기는 것이 옳다는 것이다. 피치자와 치자를 구분하고 통치는 아무나 하는 것이 아니라 능력이나 전문지식을 필요로 하는 행위라는 것은 소크라테스의 정치사상의 핵심이다. 이런 사상은 그의 제자인 플라톤의 저작 대부분에서도 계승되고 있다.

논의를 추가로 이어가기 전에 잠깐 소크라테스가 정치를 능력자에게 맡긴다고 표현할 때 이것의 의미에 관해 생각해볼 필요가 있다. 그의 이런 주장이 오늘날 대의를 의미하는지는 불분명하다. 소크라테스에게 이것은 자신의 것을 남에게 일시적으로 위임한다는 의미보다는 각자 자기의 능력에 맞는 부분을 맡아서 한다는 기능적 분업을 의미한다고 보는 게 맞을 것이다. 이런 경우 공동체의 주인으로서 정치가들을 고용한다는 개념은 성립되기 어렵다. 내가 신발을 만드는 장인한테 신발을 맡겨서 만들게 한다고 해도 내가 신발가게 주인이 되는 것은 아니기 때문이다. 이런 문제는 나중에 보게 되는 것처럼 그가 통치자는 피치자의 지지 내지 동의(consent)를 받아서 통치해야 진정한 정치를 하는 것이라고 주장할 때도 비슷하게 찾아볼 수 있다. 이 경우에도 역시 오늘날 대의 개념이나 치자와 피치자 사이의 주권 위탁계약 개념보다는 제대로 된 통치자의 통치는 강제만이 아니라 피치자의 자발적인 복속을 전제로 한다는 것을 의미한다.

    소크라테스는 회상록의 다른 구절에서 정의란 법을 지키는 것이라고 했다. 여기서 법이란 해야 할 것과 하지 말아야 할 것을 시민들이 합의해 정한 것이다. 그는 비록 법이 수정되거나 폐기된다고 하더라도 효력이 있는 동안에는 여전히 지키는 것이 올바르다고 보았다. 이것은 강화조약이 체결될 것이라고 해서 전투에서 열심히 싸우지 않는 것이 올바르지 않은 것과 마찬가지 이치라고 보았다. 그는 시민들이 명시적으로 합의하지 않았다고 하더라도 관행적으로 안착한 불문율은 신이 정한 것이기에 그것을 지키는 것이 옳다고 보았고 어기는 경우 피할 수 없는 천벌을 받는다고 믿었다. 법을 지키는 것이 중요하다는 생각은 자신을 죽음으로 몰아 간 재판과정에서도 고스란히 드러난다. 그는 다른 이들과 달리 자신에 대한 유죄판결이 부당하다고 믿었지만 목숨을 구걸하거나 도망가려고 하지 않고 형벌을 그대로 받아들였다. 심지어 그는 사형을 피하기 위해 도망가라고 길을 열어주려는 제자에게 법을 어기지 않았는데도 부당하게 죽는 것이 법을 어겨서 온당하게 죽는 것보다 좋다고 농담조로 이야기하며 죽음을 슬퍼하지 않았다. 그리하여 소크라테스는 시민들이 법을 준수할 때 가장 강하고 가장 행복한 나라가 만들어지고 가장 훌륭한 통치자는 시민들로 하여금 법을 준수하게 만든다고 보았다(4.4). 사회적 합의와 관행을 법의 기원으로 보는 소크라테스의 법에 대한 정의는 나중에 플라톤이 법을 인간 이성이나 신성의 구현이라고 보는 것과 다르지만, 법을 엄격하게 준수하는 것이 중요하다는 사고는 그의 제자에게도 이어진다.

4.1.3 소크라테스의 정치체제 구분

법치문제는 정치체제에 관한 소크라테스의 언급에서도 찾아볼 수 있는데, 이렇게 법치와 정치체제를 연결하는 것은 우리가 나중에 보다 자세히 볼 것처럼 정치체제에 관한 플라톤의 다양한 논의에서도 비슷하게 찾아볼 수 있다. 소크라테스의 대화 중에서 정치체제에 관해 직접 자기 의견을 설파한 구절은 거의 찾아보기 어렵다. 어쩌면 정치체제에 관한 그의 가장 긴 논의는 회상록 제4권의 한 구절에 나오는 정치체제 구분일 것이다. 이 부분을 빼놓고는 소크라테스의 정치체제에 관한 생각을 알아보기가 어렵다. 그는 이 회상록 부분에서 정치체제와 관련해 우선 왕정과 독재정치(혹은 참주정, tyranny)를 구분하고 있는데 왕정은 사람들의 동의를 받고 법에 따라 통치하는 것이고, 독재정치는 사람들의 의사에 반해 통치하며 법을 따르지 않고 통치자가 마음대로 통치하는 것이다. 또한 일정하게 법으로 정한 요건을 충족하는 자들 중에서 공무수행원들을 임명하면 귀족정, 재산에 따라서 임명한다면 금권정체(plutocracy), 누구나 임명한다면 민주정이다(4.6.12).

이런 구분이 체계적이지 않고 앞뒤 문맥과 어울리지 않게 삽입되어 있지만 법치부분 이외에도 우리가 주목해야 할 부분은 1인 정치체제를 제

외하고는 체제를 나누는 기준이 공직을 누가 차지하는가의 문제라는 점이
다. 그는 1인 정치체제가 아닌 경우들을 분류하면서, 법으로 정한 일정한
자격요건을 갖춘 자 중에서 공직을 충원하는 경우, 재산에 따라서 하는
경우, 누구나 선발되는 경우로 구분하고 있다. 통상적으로 일인정이 아닌
정치체제를 구분하는 방식인 소수정과 다수정의 구분은 보이지 않는다.
통치자의 수는 오로지 한 명이 통치하느냐 아니냐의 문제에서 중요하며
법으로 통치하느냐와 사람들의 동의에 따라서 하느냐의 문제는 한 명이
통치할 때 체제를 구분하는 중요한 기준이 된다. 그리하여 한 명이 통치
하느냐 아니냐에 따라서 정치체제를 구분하는 기준이 달라진다. 즉, 정치
체제를 구분하는 기준이 일인정의 종류를 나눌 때와 일인정이 아닌 체제
의 종류를 나눌 때가 다르다. 일인정의 경우에는 공직을 담당하는 지배자
가 어떻게 그 자리를 차지하였느냐는 묻지 않으며 그가 어떻게 통치하느
냐만 묻는다. 반면에 일인정이 아닌 경우에는 오로지 공직을 수행하는 사
람들이 누구인지가 중요하며 어떤 기준으로 공직을 담당하는 사람들을 정
하느냐에 따라 다르게 분류한다.

　　이렇게 일인정과 그렇지 않은 정치체제에 따라서 체제를 분류하는
기준을 달리 적용하는 것은 매우 특이하다. 하지만 이런 이중적인 구분법
이 결코 예외적이지만은 않다. 소크라테스의 이중적 구분과 유사한 정치
체제 구분은 후대의 몽테스키외(Montesquieu)의 구분에서 찾아볼 수 있다.
그는 『법의 정신』에서 정치체제를 일인정과 일인정이 아닌 경우로 나누
고 일인정의 경우 법치여부를 가지고 독재정과 군주정으로 다시 구분했
다. 또한 일인정이 아닌 경우 법치여부를 가지고 체제를 분류하지 않았다
는 점 역시 유사하다. 하지만 여전히 몽테스키외는 일인정이 아닌 경우
모두 공화정으로 통칭하고 그 속에서 다시 통치자의 수를 가지고 귀족공
화국과 민주공화국으로 나누고 있다. 소크라테스와 달리 그에게는 공직담

임이 재산으로 제한되거나 법규로 제한되는 것이 그렇게 중요한 기준이 아니었다. 그렇기 때문에 그는 굳이 귀족정과 금권정(과두정)을 구분하지 않고 있다.

4.2 플라톤의 『메넥세노스(Menexenus)』

　　소크라테스의 사상은 제자들이 정리한 것 이외에 존재하지 않는다. 이에 반해 플라톤의 사상은 제자들이 정리한 것이 아니라 본인이 작성한 것으로 오늘날까지 전해 내려온다. 하지만 문제는 그가 작성하고 있는 저술의 상당 부분도 다른 소크라테스의 제자들처럼 스승 소크라테스의 대화를 들려주는 형식으로 전개하고 있어 플라톤 자신의 주장과 자기 스승의 주장을 구분하기가 어렵다는 것이다. 다만, 우리는 다른 제자들처럼 플라톤 역시 초기에는 그의 스승인 소크라테스의 이야기를 자신만의 언어로 각색해 전달하더라도 스승의 사고에 충실했을 것으로 추정할 수 있다. 여기서 추가로 생기는 문제는 그의 저술 중 어떤 것도 작성 연대기가 확실한 것이 없다는 점이다. 따라서 어느 것이 초기작이고 어느 것이 후기작인지 아니면 심지어 위작인지를 두고서 논란이 많다. 우리가 현재 알고 있는 것은 『법률(Laws)』은 그가 80세 즈음 사망한 후에 나온 것이고, 『정치가(Statesman)』는 그가 60세가 넘어서 작성된 것이라는 점이다(Cooper 1997, p.xiii). 따라서 우리가 여기서 관심을 가지고 보는 플라톤의 저작 4개는 연대기 순서가 *Menexenus, Republic, Statesman, Laus*라고 볼 수 있다. 앞의 것일수록 전통적인 소크라테스식의 대화체가 돋보인다.

　　우선 『메넥세노스』의 경우 위작 논란이 없지 않음에도 불구하고 여기서는 플라톤의 저작으로 전제하고서 다룬다. 이 소고는 다른 플라톤의 글과 달리 철학서이거나 특정 주제를 깊이 있게 다루는 논고라기보다는 연설문에 가까운 글이다. 구체적으로 이 글에서 소크라테스는 전쟁에서 죽은 자들을 위한 추도사를 하도록 지명되면 이렇게 작성했을 것이라고 하면서 일장연설을 하고 있다. 물론 이 모든 가정은 역사적 사실이 아니고 글의 작성자도 소크라테스가 아니다. 왜냐하면 그 글이 작성된 연도로 추정되는 해에는 소크라테스가 이미 사망한 상태였기 때문이다(Kahn 1963). 이 글에서는 저자로 추정되는 플라톤이 다른 몇 가지 역사적 사실들까지 왜곡하면서 소크라테스의 입을 빌려 우리가 이미 살펴본 페리클레스의 추도사를 비판하고 있다. 다른 학자들은 페리클레스가 자신의 추도사에서 칭송하고 있는 아테네의 영광, 특히 다른 그리스 도시들을 지배하는 제국주의적인 영광을 소크라테스가 비판했다고 강조하고 있지만, 우리의 관심사는 그것보다 페리클레스의 추도사에 나오는 아테네 정체에 관한 부분과 소크라테스의 추도사에 기술된 아테네의 정체에 관한 것을 비교하는 것이다. 이런 비교를 통해 플라톤의 정치체제에 대한 초기 단상을 파악할 수 있다. 매우 재미있는 사실은 『메넥세노스』에서 페리클레스나 소크라테스 둘 다 위대한 웅변가인 아스파시아(Aspasia), 즉 페리클레스의 첩이었던 여인으로부터 웅변을 배웠을 뿐만 아니라 소크라테스의 추도문은 아스파시아가 기초로 쓴 글 중에서 페리클레스의 연설문에 들어가고 남은 것들을 활용한 것이라고 주장하고 있다는 점이다. 이를 통해 우리는 『메넥세노스』에 나오는 소크라테스의 추도문은 페리클레스의 추도문을 염두에 두고 작성한 것임을 알 수 있다.[22]

---

22) 여기서 다루는 『메넥세노스』의 영어판은 Jowett의 번역본(1892)과 Cooper(1997) 편집본을 참조.

4.2.1 아테네 정체는 민주정보다 귀족정이다: 능력에 따른 공무담당

『메넥세노스』에 나오는 정치체제론을 살펴볼 때 가장 먼저 눈에 들어오는 점은 플라톤이 소크라테스의 입을 통해 아테네의 정치체제를 귀족정(aristocracy), 즉 뛰어난 자들에 의한 통치체제로 규정하고 있다는 것이다. 페리클레스가 아테네 정치체제의 운영(administration)이 소수가 아니라 다수의 수중에 있기 때문에 민주정이라고 보고 있지만, 소크라테스는 그렇게 생각하지 않는다. 그에 따르면 아테네는 과거부터 지금까지 항상 귀족정이었다. 한 번도 정치체제가 바뀐 적이 없다. 비록 사람들은 각자 부르고 싶은 대로 불러서 때로는 민주정이라고 불리지만 실제로는 귀족정이다. 왜냐하면 그것은 가장 뛰어난 자들이 통치하는 체제이기 때문이다. 그는 이들의 통치가 다수의 동의나 승인 혹은 지지를 받아서 이루어진다고 하더라도 여전히 귀족정이라고 본다. 소크라테스가 주목하는 점은 빈곤이나 미미한 출신과 무관하게 누구든 현명하거나 뛰어나기만 한다면 공직을 맡을 수 있다는 것이다. 이런 시각에서 보면 아테네의 정치체제는 능력(merit)에 기반한 통치체제로서 글자 그대로 귀족정으로 볼 수 있다.

다른 장에서 별도로 지적한 바와 같이, 페리클레스 역시 아테네의 '민주정'을 민주정이라고 부르는 이유를 결코 다수가 권력을 주체적으로 행사하기 때문이 아니라 다수의 수중, 즉 다수의 영향권 안에 통치자들의 권력 행사가 놓여 있기 때문이라고 보았다. 그렇기 때문에 그는 헤로도토스가 지적한 민주정의 온전한 특징을 묵과하거나 애써 강조하지 않았다. 그런 민주정의 가장 큰 특징은 능력이 뛰어나지 않더라도 권력을 행사할 수 있도록 공직이 개방되어 있었다는 점이다. 이것을 보장하는 방법이 추첨이었다. 아테네 민주정의 가장 중요한 권력기구인 500인집행위원회, 민회, 그리고 인민재판원단 모두 능력에 따라서 참여하는 시스템이 아니었다. 그럼에도 불구하고 페리클레스는 아테네 민주정의 특징 중 하나로, 빈부에 따른 차별을 두지 않고 법 앞에 평등하며 누구나 **능력이 있다면** 공무를 수행하도록 했다는 점을 강조하고 있다.[23] 이것은 소크라테스가 『메넥세노스』에서 마찬가지로 강조하고 있는 것이다. "아테네는 다른 도시국가와 달리 오히려 단 한 가지 기준만 존재하네. 현명하거나 훌륭하다고(good) 판단되는 사람이 권력을 행사하고 공직을 맡네(238d)." 다만, 소크라테스는 페리클레스와 달리 이 경우 아테네의 정체는 민주정이 아니라 귀족정이라고 본다. 아테네에서는 모든 시민이 태생이 동일하기 때문에 평등하지만 지식과 능력에서 차이가 나니 이런 차이를 인정하고 그것에 기반해 정치를 한다는 것이다. 이 결과 소크라테스는 전사자들을 위로하는 추도문에서 자신이 이상적으로 생각하는 정치형태인 능력과 전문성에 기반한 정치가 마치 아테네에서 현실적으로 일어나고 있는 듯이 기술하고 있다.

소크라테스의 논의에 따르면 아테네 정치체제는 엘리트가 통치하기에 귀족정이지만 이들은 다수의 동의를 받아서 한다. 이것은 마치 오늘날 이른바 '대의 민주주의'를 상기시키는 정의이다.[24] 소크라테스의 시각에서 본다면 오늘날 대한민국은 글자 그대로 귀족정이다. 왜냐하면 정치를 잘 할 수 있다고 주장하는 자들이 다수의 동의를 얻어서 권력을 잡고 통치하기 때문이다. 소크라테스는 아테네 역시 이렇다고 보았는데 이것은 사실 상당한 왜곡이다. 아테네에서 이런 기준에 맞는 유일한 공직은 장군직과 왕 자리이다. 경선을 하는 선출직 장군이었던 페리클레스는 투키디데스가 제1시민이라고 부를 만큼 막강한 권한을 행사한 것이 사실이고 이

---

[23] 실제로는 능력에 따라서 하는 것이 아니라 능력과 무관하게 공직을 맡았다고 보아야 할 것이다.

[24] 오늘날 대의제와 달리 아테네에서는 주인인 일반시민의 종복으로서의 정치인이라는 개념은 존재하지 않는다. 소크라테스는 오늘날처럼 자기 일을 자기가 잘 못하기 때문에 남이 하게 하는 것이 아니라, 각자 잘하는 일을 맡아서 하는 것이 올바르다고 본다. 따라서 그는 정치도 그것을 잘하는 사람이 하는 것이 마땅하다고 본다.

런 점에 비추어본다면 분명 귀족정의 단면이 없는 것은 아니지만, 장군직 자체는 아테네 민주정을 민주정답게 만드는 핵심공직이라고 보기 어렵다. 그것은 아테네가 민주정이든 아니든 국가 자체의 존립을 위한 핵심조직으로 체제중립적인 기구이다. 다만, 장군을 선출하는 데 있어서 다수의 동의를 얻어야 했다는 점이 비민주적인 체제와 다를 뿐이다. 소크라테스가 강조하고자 한 것은 통치자의 선발방식이나 권력의 원천이 아니라 권력의 행사 주체이다. 누구의 동의를 받아서 하든 세습으로 하든 선출로 하든 중요한 것은 뛰어난 자가 한다는 것이다. 『메넥세노스』에서 '민주정' 자체에 대한 평가는 찾아보기 어렵지만 소크라테스가 여기서 아테네 체제의 특성으로 강조한 것은 페리클레스의 정치체제 특성과 크게 다르지 않다. 그렇기 때문에 소크라테스는 사실상 페리클레스가 민주정이라고 부른 체제를 이름만 귀족정으로 바꾸어 부른 것에 불과할 수 있다. 소크라테스가 본 아테네 정치체제의 핵심적 특성은 권력을 배분하는 주체는 다수이지만 권력을 행사하는 것은 엘리트라는 점이다. 그렇기 때문에 그는 이 체제를 민주정이 아니라 귀족정이라고 부른다.

소크라테스의 주장 중 두 번째로 돋보이는 것은 이런 능력에 따른 차이 이외에 다른 어떤 차별이 없는 능력제일주의(meritocracy)가 탄생할 수 있었던 이유로 공동체를 구성하는 성원들 사이의 출생의 동질성(혹은 평등)을 내세우고 있다는 것이다. 그는 만약에 우리가 한 몸에서 태어난 동일한 존재라는 인식이 없다면 주인과 노예의 관계가 나오며 이 결과 정치체제도 불평등한 폭정(혹은 독재정/참주정 tyranny)이거나 과두정이 되었을 것이라고 본다. 폭정이나 과두정이 태생의 이질성에 기반한 것이라는 점은 태생이 동일한 다른 그리스 공동체에 대한 페리클레스의 폭정(혹은 제국주의)을 소크라테스가 부당하다고 비판하는 대목에서도 나온다. 그는 같은 동족에 대한 아테네의 폭정이나 제국주의적인 착취는 용납이 안 되며 만약에 그런 통치를 한다면 그 대상은 태생이 다른 집단인 페르시아나 다른 야만인이어야만 한다고 생각한다. 평등한 동일 동족한테는 능력의 우열에 따른 정치인 귀족정만이 정의로운 것이며 능력이 아닌 다른 차별에 기반한 정치체제인 과두정이나 폭정은 용납될 수 없다. 플라톤은 소크라테스의 이름을 빌려서, 아테네인들 사이에는 평등과 능력의 원칙에 기반한 귀족정이 이루어지지만 그 아테네인들이 같은 동족인 다른 그리스인들에게는 폭군적인 제국주의 권력을 휘두르고 있다고 비판한다. 여기서 보듯이 폭정이 용납되거나 안 되는 기준은 태생이 같거나 다른 것에 달렸다. 태생이 같은 사람들은 용납이 안 되며 다른 사람들은 용납이 된다.25)

마지막으로 『메넥세노스』에 나오는 소크라테스의 주장 중 특이한 것은 다른 플라톤의 저작에서도 발견되는 것인데, 그것은 개인과 정치체제 간의 관계에 관한 부분이다. 그에 따르면 정치체제가 사람을 만드는데, 좋은 정치체제는 좋은 사람을 만들고 그 반대의 체제는 나쁜 사람을 만든다. 아테네인들이 훌륭한 이유는 좋은 정치체제를 가진 덕분이라는 것이다. 그의 주장은 오늘날 용어로 본다면 일종의 정치문화론이다. 특정 정치체제에는 특정형의 시민이 존재한다는 것이다. 다만 오늘날 시민문화론자나 사회적 자본론자와 같은 정치문화론자들은 시민의 문화적 특성을 독립변수로 간주하고 정치체제를 종속변수로 보는 반면에, 소크라테스의 정치문화론은 그 반대이다. 그에 따르면 어떤 인간으로 사는가는 어떤 정치체제에서 사는가에 따라서 결정된다.26) 공동체 속에서 인간유형이 만들어지는 것이

25) 태생의 동질성에 기반한 동족의식이 정치적인 평등의 근원이라는 주장은 여러모로 생각해볼 가치가 있다. 사실 이런 사고는 서구의 이민족에 대한 제국주의나 서구중심적인 사고의 근원이 될 수 있다. 모든 인간은 평등하게 태어났다는 서구의 사고는 이 당시에는 찾아볼 수 없다. 또한 태생적 동일성을 정치적 평등의 근거로 삼는 것은 오늘날 민족과 근대국가 경계선의 합치를 주장하는 민족주의의 원조로 볼 수 있다.
26) 소크라테스 혹은 플라톤의 경우 개인과 국가 혹은 공동체의 인과관계에 대해서 심각하게 사고하지 않은 것으로 보인다. 그는 설명을 하기 위해 공동체와 개인을 분리는 했지만, 실제로는 이 두 개는 같이 간다고 보았기에 무엇이 인과론적으로 먼저이

기 때문에 이런 주장은 다분히 아리스토텔레스의 공동체 자족론과 개인의 불완전성과도 연결된다. 이런 시각은 플라톤의 *Republic*에 나오는 개인과 국가에 대한 관계에서도 나타난다. 이 저서에서는 개인의 특성을 보기 위해 국가의 특성을 먼저 살펴보아야 한다고 기술되어 있다. 작은 개인의 특성과 규모가 큰 공동체의 특성은 서로 일대일 대응관계가 있음을 전제로 하고 큰 것이 잘 보이기 때문에 큰 것을 먼저 보는 것이 좋다고 한다 (*Republic* 2.368e-369a). 이런 사고는 오늘날 자유주의의 주장과는 배치된다. 자유주의는 어디까지나 개인이 우선하고 이후 그로부터 공동체가 나오며 이 공동체는 개인의 이해타산의 결과로 만들어진 계약집단일 뿐이라고 본다. 공동체 속에서 개인의 훌륭함이 실현되거나 배양되는 것이 아니다. 개인의 훌륭함은 공동체에 앞서 존재할 수 있다.

그런데 아테네인의 훌륭함이 아테네의 훌륭한 정치공동체에서 비롯된다고 할지라도 분명히 모든 아테네인들이 훌륭함을 지니고 있지는 않다. 태생적으로 동일한 기원을 가진 사람들로 뭉쳐진 훌륭한 정치체제 속에서도 개인의 훌륭함은 천차만별이다. 이런 차이에 기반해 공직을 차지할 수 있는 권한의 차이가 발생한다. 앞에서 말한 '능력제일주의'의 개념에 따르면 아테네 정치체제의 훌륭함과 무관하게 개인적으로 훌륭한 사람들이 있고 이들이 공직을 차지하는 것을 아테네인들은 당연하게 여긴다. 바로 이렇기 때문에 아테네 정치체제는 훌륭한 체제이다. 『메넥세노스』에 나오는 소크라테스의 주장은 이렇게 순환론적인 면이 있다. 아테네인들이 인간적으로 훌륭함은 훌륭한 정치체제에서 비롯되는 것인데 이 체제가 훌륭한 것은 다름 아닌 훌륭한 사람들이 지배하기 때문이다. 이런 순환론

고 나중인지 명확하지 않거나 서로 모순된 주장을 하기도 한다. 예를 들면, 오늘날의 정치 문화론자들의 주장과 꽤 닮은 주장을 찾아볼 수도 있는데, 그것은 특정 정치체제는 공동체의 나머지 사람들을 이끌어가는 특정 성격을 가진 인물들이 지배적일 때 나온다고 보는 것이다(*Republic* 8.544).

구조를 벗어나기 위해서는 훌륭한 개인은 정치체제에서 나오는 것이 아니라 정치체제와 독립해 어떤 다른 곳에서 나와 존재한다는 것을 인정해야만 한다. 그래야 훌륭하지 않은 개인들이 훌륭한 사람들을 지배자로 모심으로써 훌륭한 정치체제를 완성하게 된다.

『메넥세노스』에서 평범한 아테네인들은 자신들이 훌륭하지 못한 것을 인정하고, 다른 이들이 훌륭한 경우 이들을 알아보고 이들이 지배자가 되는 것을 수용하는 역할을 한다. 또한 지배자에 대한 이런 수용적 혹은 순응적 태도는 모두가 출생이 동일하다는 것에서 비롯되는 동등의식과 상호신뢰에서 나온다고 한다. 하지만 이런 주장은 설득력이 없다. 지배자와 피지배자의 출생이 동일하다고 해서 권력을 잡은 자가 피지배자들을 자신과 동등하게 대우한다는 보장은 없다. 또한 부유함이나 다른 기준에 의한 폭정이 정당화되지 않는다는 보장도 없다. 그리고 출생이 동일하기 때문에 정치적 권한도 동일하게 나눠가져야 한다는 논리는 능력에 따른 통치를 주장하는 귀족정의 특징이라기보다는 오히려 능력, 재산, 혹은 신분과 무관하게 공직을 담당해야 한다는 민주정의 특징이다. 그러면 개인에 따라서 차이가 나는 훌륭함이 그들이 속한 정치체제에서 비롯되는 것이 아니라면 그것은 어디서 나오는 것인가? 이에 대한 해답은 플라톤이 조금 나중에 쓴 것으로 보이지만 비슷한 시기의 저서인 *Republic*에서 찾아볼 수 있다. 그는 훌륭함이 교육과 훈련만이 아니라 타고난 수월성에 기인한다고 본다. 다만, 현재 우리의 주 논점이 훌륭함의 육성이나 기원이 아니고 정치체제의 문제이기 때문에 이 문제는 이 정도로 하고 여기서는 넘어가고자 한다(*Republic* 3.415).

제5장

중후기 플라톤의 민주정에 관한 담론

"The School of Athens," Raphael(1509-1510)
(출처: Wikimedia Commons)

제 5 장

중후기 플라톤의 민주정에 관한 담론

5.1 최초의 체계적 정치체제론: *Republic*

플라톤의 저작 중 가장 널리 알려져 있고 가장 많이 읽히는 것이 아마도 *Republic*일 것이다. 『메넥세노스』가 전사자들을 위한 하나의 연설문으로 팸플릿 수준의 단편적인 글이라면 *Republic*은 그야말로 오늘날 우리가 한 권의 책이라고 할 만큼 논의가 길고 체계적이며 그 자체로서 온전한 논문(treatise)이다. 이 저작의 원 주제는 정의가 무엇인가를 다루는 것이지만 여기서는 정의보다 정치체제와 그에 대한 분류에 초점을 맞추고자 한다. 이 책 역시 『메넥세노스』와 비슷하게 플라톤의 나이가 40대일 무렵에 작성된 것으로 추정된다.27) 하지만 『메넥세노스』와 달리 정치체제에 관한

---

27) 앞서 지적한 것처럼 플라톤 저작의 연대기는 그 자체가 논란거리다. 여기서는 *Republic*이 『메넥세노스』와 비슷한 시기나 조금 뒤에 작성된 것으로 간주한다. 보다 자세한 논의는 Nails(1995)참조. 여기서 *Republic*은 Jowett의 번역본(1892), Cooper의 편집본(1997)과 Cornford의 번역본(1945)참조.

부분이 상당한 분량을 차지하고 있기 때문에 우리는 플라톤의 *Republic*을 동서양을 통틀어 정치체제에 관한 최초의 체계적 저작이라고 보아도 무방할 것이다. 여기서 그는 자신이 생각하는 정치체제란 어떤 것이 있으며 이들 체제의 특성은 무엇인지, 또 각 체제와 다른 체제는 어떻게 연관되며 특정 정치체제는 왜 다른 체제로 이행하거나 붕괴하는가를 논하고 있다. 또한 그런 정치체제에서 사는 인간들의 문화적 특성은 무엇인지도 논하고 있다.

    본격적으로 내용을 다루기 전에 책 제목에 관해서 몇 마디 할 필요가 있다. *Republic*을 읽은 사람들은 누구나 이 책에서 왕정이 최선의 정치체제라고 주장되고 있음을 안다. 그런데 책 제목은 영어로 'Republic'이다. 이것은 통상적으로 우리말에서 공화국으로 번역이 되고 공화국은 왕정의 반대로 이해되기에 모순처럼 보인다. 그래서 우리나라 사람들은 'Republic'을 공화국이 아니라 '국가론'으로 번역한다. 하지만 이 번역은 정확하지 않다. 플라톤이 의미하고 있는 'Republic'은 특정 정치체제가 아니라 정치공동체 조직 일반을 의미하며 따라서 지금 여기서 우리가 말하는 정치체제에 가깝다. 이 'Republic'이 의미하는 바는 우리나라 사람들이 우리나라는 아시아에 있다고 할 때의 '나라'에 해당하는 'polis(πόλις)'를 조직하는 방식이다. 이렇게 나라를 조직하는 방식에는 왕정도 있고 민주정도 있을 수 있고 귀족정도 존재한다. 애초에 로마의 키케로(Cicero)가 플라톤의 'Politeia'라는 단어를 'Republic(Res Publica)'으로 번역할 때도 왕정의 반대로서 공화정이 아닌 왕정도 내포한 정치공동체 조직을 두고 번역한 것이다. 결코 오늘날 왕국의 반대어인 '공화국'을 의미하고자 한 것이 아니다. 다른 한편, 오늘날 우리가 국가라고 할 때 이 단어는 넓은 의미로는 국제정치에서 독자적인 정치공동체의 수를 셀 때 사용하는 것으로 이 때는 일종의 정치공동체 전체에 해당하는 우리말의 나라와 같은 의미이고,

좁은 의미로는 국내에서 민간 섹터인 사회와 구분되는 행정조직인 정부를 의미하기도 한다. 따라서 'Republic'을 국가론으로 번역하는 것은 어떤 의미로든 오해를 살 수 있는 번역이다. 플라톤이 의미한 'Politeia' 혹은 'Republic'은 정치공동체를 구성하는 시민들을 전체적으로 조직하는 방식 혹은 정치공동체의 운영방식과 관련된 것이기에 우리 말로는 '나라'도 '국가'도 '공화국'도 아니라 '정치체제'에 가장 가까운 용어이다.

5.1.1 철인왕: 한 명인가? 소수인가?

플라톤의 정치체제론을 이해하려면 우선 그의 개념 중 가장 널리 알려진 정치학 개념인 '철인왕(哲人王, philosopher king)'에 대한 이해에서 출발하는 게 자연스럽다. 플라톤에 따르면, 적절한 통치자의 자질을 가지고 태어나는 수호자 집단 중에서 지배자를 위한 교육과 단련과정에서 훌륭함을 보인 사람들이 진정한 지배자로 선발된다. 그리고 이렇게 선발된 소수의 엘리트가 바로 철인이며 통치자인 철인왕이다. 플라톤의 철인왕을 통치를 위한 지혜와 훌륭한 능력을 갖춘 사람이라고 본다면, *Republic*에 등장하는 이상 국가로서 철인 통치체제는 비록 개념적으로 보다 다듬어진 것이지만 『메넥세노스』에 나오는 귀족정과 다를 바가 없다.

일반적으로 부주의하게 인식되는 것처럼 플라톤의 철인왕 체제가 오로지 1인 정치체제, 즉 군주정(monarchy)에 불과하다고 인식한다면 오판이다. 철인왕은 *Republic*에서 4번 등장하는데 모두 다 복수이다(Desmond 2011, p.25).[28] 그리고 정치체제의 쇠퇴론에 관한 장들을 보면, 철인왕 체제는 왕

---

28) *Republic* 473c-e, 499a-c,502a, 543a. 여기서도 실제로 'philosopher-king'이라는 단어는 등장하지 않는다. 다만, 철인이 왕이 되거나 통치자가 되어야 한다는 개념을 제시할 뿐이다. 데스몬드(Desmond 2011)에 따르면, *Republic*의 어디에도 단수의 철인왕에 대한 이야기는 찾아볼 수 없다고 한다. 예를 들어, 제4권 499b는 철인왕이 복수임을 보여준다. 하지만 제7권 540d에는 철인왕이 복수의 표현으로 나오고 여러

정(dynasteia 혹은 basileia)이 아니라 귀족정(aristocracy)으로 호칭되고 있다. 이 모두는 철인왕 체제가 1인이 아니라 소수의 뛰어난 자들이 통치하는 체제임을 시사하는 것이다. 플라톤에 따르면, 통치 전문지식을 가진 부류의 사람들은 다른 어떤 종류의 기술이나 지식을 가진 자들보다 수가 적다(4.428e-429a). 이들은 다수가 아니며 소수 중에서도 소수임에는 분명하다. 이들은 논리적으로 한 명일 수도 있지만 반드시 한 명이 될 필요는 없다. 그에 따르면 이상적인 정치체제는 두 가지 이름으로 불릴 수 있는데 통치자의 수가 한 명이면 왕정(basileia)이고 만약에 한 명보다 많으면 그것은 귀족정이다(4.445d). 따라서 플라톤의 철인왕 체제는 이름이 시사하는 바와 달리 1인 왕정만을 의미하지는 않는다. 보다 엄밀한 의미에서 본다면, 플라톤에게 정치체제를 구분하는 데 있어서 통치자의 수는 그다지 중요하지 않았다. 그는 철인왕 체제, 즉 귀족정이 일인 통치 체제인지 아니면 소수 지배 체제인지 애써 구분하려고 하지 않았으며, 최고의 전문지식을 가진 자들이 한 명일 수도 있고 소수일 수도 있다고 보았다. 물론 다수가 아님은 분명하다. 그가 말하는 이상적인 정치체제에서는 한 명이든 여러 명이든 통치자의 수가 아니라 가장 훌륭한 자들이 통치한다는 사실이 중요했다. 전통적으로 쓰이는 철인왕이라는 표현은 오해를 사기에 충분하기 때문에 보다 정확하게는 철인들이 통치해야 하는 철인 통치체제라고 부르는 것이 적합할 것이다. 오늘날의 용어로는 엘리트 통치체제이다.

그런데 플라톤이 그의 스승인 소크라테스에게서 이어받은 핵심사상인 능력제일주의(meritocracy), 즉 토기를 전문으로 만드는 도공이 토기를 만들어야 제대로 된 토기가 나오듯이 통치술이나 통치지식에 뛰어난 자들이 정치를 해야 한다는 사고는 1인 지배체제를 정당화하는 것이라기보다는 집단적 리더십 혹은 집단적 능력제일주의 개념으로 이해하는 것이 맞

명일수도 한 명일 수도 있다고 한다.

다고 본다. 물론 토기를 제일 잘 만드는 도공이 오로지 한 명만 존재할 수도 있겠지만 일반적으로는 공동체의 수요를 충족할 정도의 토기를 만드는 도공은 여러 명일 수밖에 없다. 같은 논리로 정치를 잘하는 능력을 가진 자가 오로지 한 명만 존재하리라는 법은 없다. 정치의 기능 역시 오로지 하나의 분야에만 국한된 다른 기능과 달리 공동체 전체를 다루기 때문에 일면적 지식이 아니라 포괄적이고도 전면적인 지식을 필요로 하며 이런 지식을 터득하기란 쉽지가 않다. 따라서 진정 전문지식 중에서 가장 소수만 보유할 수 있는 그런 지식이다. 이런 지식을 단 한 명만 터득할 수 있다고 가정하는 것은 정치공동체의 영속성을 염두에 둔다면 매우 위험한 사고이다. 정치적 전문지식이 신적인 존재만이 성취할 만큼 어려운 것이라면 기본적으로 정치인의 재생산 가능성조차 보장되기 어렵기 때문이다. 이런 연고로 정치를 제일 잘하는 사람들은 여러 명일 수 있고 이들이 집단적으로 통치하는 것이 최선이라고 가정하는 편이 안전하다. 전반적으로 통치자의 자질을 가진 사람들이 여러 명이고 이들의 능력은 오십보백보로 별 차이가 없으며 다만, 특정 분야에서 어느 한 사람이 조금 더 두드러질 수 있다. 이런 집단적 능력제일주의의 사고는 아테네에서 왕이 한 명이 아니라 관할 문제나 영역별로 특화되어 9명에서 10명인 것과도 일맥상통한다. 장군 역시 한 명이 아니라 10명이다.

이런 집단적 리더십 개념을 염두에 둔다면 플라톤의 정치체제 논의에서 수에 의한 정치체제 구분이 없거나 1인 통치체제를 다른 범주와 별도로 설정하지 않는 것은 이상하지 않다. 『메넥세노스』에서 플라톤은 아테네에 왕들은 항상 있었지만 그렇다고 정치체제를 왕정이나 군주정으로 부르지 않는다고 보았다. 또한, Republic의 정치체제 쇠퇴론에서 언급하고 있는 체제는 다섯 가지인데 여기서도 왕정이나 군주정은 없다. 그가 언급하고 있는 체제 다섯 가지는 이상적 체제인 귀족정, 스파르타나 크레

타를 염두에 둔 명예정(timocracy 혹은 timarchy), 과두정, 민주정, 그리고 독재정 혹은 폭정(tyranny)이다. 앞서 언급한 것처럼 플라톤은 *Republic*의 제4권에서 철인왕 체제가 1인 통치체제일 수도 있고 귀족정일 수 있다고 했고 뒤이어 나오는 제9권에서 1인 왕정을 시사하는 구절들이 나오지만 그가 정식으로 다루고 있는 다섯 가지 정치체제의 공식 명칭에는 왕정이나 군주정이 들어가 있지 않다. 1인 통치체제는 최악의 체제인 독재정치에서만 있으며 이 역시 1이라는 수가 중요한 특징이 아니라 강압과 폭정이 주요한 특징이다. 결과적으로 1인이 통치하는 체제를 배타적으로 하나의 범주로 설정하고 있지 않다. 분명히 플라톤은 오타네스처럼 한 명에 의한 권력의 독점이 나쁜 정치체제의 발생원인이라고 보거나 다리우스처럼 가장 훌륭한 자는 반드시 한 명만 존재한다는 사고를 하지 않고 있다.[29)]

5.1.2 능력제일주의와 사회계약론: 기능주의적 정치공동체

플라톤의 능력제일주의 개념은 기본적으로 직능별 기능주의 사고에서 비롯된다. 이런 기능주의적 사고로부터 상호 보완적이며 의존적인 기능들이 조화롭게 통합된 공동체 개념이 나온다. 이런 공동체 개념으로 인해 그는 한 명이 자기 직분에 넘치게 정치권력을 장악하고 휘두르는 것을 최악의 정치체제로 간주할 뿐만 아니라, 정치공동체 발생의 기원을 근대 서양의 사회계약론과 전혀 다른 시각에서 설명한다. 로크의 사회계약론에

---

29) 플라톤은 *Republic*에서 일련의 왕정들을 논의하지 않는 이유로 이 체제가 간헐적으로 발생하거나 그것이 그리스만이 아니라 그 밖의 다른 지역에서 등장하는 것이기 때문이라고 변명하고 있다(8.544d). 그렇다면 군주정은 『메넥세노스』에서처럼 아테네와 그리스 세계 전체가 대동단결하여 대항해야만 하는 적으로 설정하고 있는 페르시아의 정치체제이기 때문에 논의에서 배제되었을 것이다. 하지만 플라톤의 경우 '군주정(monarchy)' 자체를 하나의 독립적인 범주의 정치체제로 간주하지 않았을 가능성이 많다.

따르면 모든 인간은 평등하게 태어났고 상호 독립적으로 존재하며, 서로 간에 차이가 없는 이들이 자신이 고유하게 가진 것(properties)을 보호하기 위해 혹은 다른 이들로부터의 약탈을 막기 위해 자연상태를 벗어나 입법, 집행 그리고 사법기능이 있는 공동체를 건설한다. 이 결과 정치공동체는 기본적으로 평등하고 이미 독립적이었던 개인들이 필요에 의해서 사후적으로 세운 자기 방어 시스템이다. 하지만 플라톤의 경우 공동체의 기원은 각 개인이 혼자서는 자신의 모든 욕구를 충족할 수 없다는 사실에서 유래한다. 이런 개인적인 욕구는 오로지 공동체를 형성함으로써만 충족될 수 있으며, 서로 다른 욕구를 충족하기 위해 인간들 사이에 직능별 분화가 필연적으로 발생할 수밖에 없다. 왜냐하면 사회계약론의 가정과 달리 인간은 동등하게 태어나는 것이 아니라 서로 다르게 태어나기 때문이다. 각자 잘하고 못하는 영역이 다른 상태로 태어나고 이렇게 불평등하게 타고난 소질은 사후적으로 교육과 훈련에 의해 고도화되거나 단련되는 것이다. 이렇게 불평등하면서 스스로는 온전하지 못하게 태어난 인간들은 근본적으로 상호의존적일 수밖에 없고 공동체를 구성할 수밖에 없다. 상호의존적인 필요를 충족하는 직능별 분화와 그에 따른 공동체 형성에서 시작하는 플라톤은 공동체 의사결정 가능 구조의 형성, 특히 다수결에 의한 의사결정이 가능한 구조의 형성을 공동체 형성의 전제로 삼는 로크와 대비된다(Locke 1960, pp.330-332). 그리하여 플라톤은 로크의 정치공동체 최소 인원 개념 즉, 다수결이 가능한 최소 인원 3명만 있으면 정치공동체가 이론적으로 성립할 수 있다는 생각에 공감할 수 없다. 그에게는 아무리 작은 원시적인 공동체라고 하여도 네댓 명이 필요하다. 하물며 좀 더 복잡하고 고도화된 공동체는 더 많은 직능이 필요하고 그 모든 직능을 담당하는 수 이상의 구성원이 필요하다. 공동체를 구성하는 기본 요건은 다수결을 정할 수 있는 구성원의 수가 아니라 구성원들의 삶을 위한 필요와 타고난 개별 능력의 불일치 현상에서 발생한다.

이렇게 공동체는 기본적으로 서로 보완적인 기능인들의 결합체이고 이런 기능에는 보다 고차원의 기능인 군사적 방위와 정치도 포함된다. 정치와 군사적 방위 역시 그 직능을 잘 수행할 능력을 타고나고 합당한 교육과 단련을 받은 사람들이 해야 하며 다른 직능인이 이것을 넘보거나 이들이 다른 직능을 하는 것은 처음부터 공동체를 구성한 이유를 무시하는 것이다. 이것은 마치 신발공이 도기공이 되겠다고 자처하는 것이나 아무런 훈련을 받지 않은 자가 의사가 되어 환자를 치료하겠다고 나서는 것과 마찬가지이다.

5.1.3 정치체제 분류

플라톤의 공동체 인식론은 공동체 구성부문 간의 역할분담과 전체적으로 질서 있는 조화를 전제로 하는 그의 이상적인 정치체제론과 불가분의 관계에 놓여있지만, 정치체제를 일반적으로 나누는 분류법과는 밀접한 연관이 없다. 우선 플라톤의 *Republic*에는 아쉽게도 정치체제에 대한 체계적인 분류법이 존재하지 않는다. 이것은 정치체제가 무엇인가 하는 규정이 모호함을 의미하기도 한다. 앞에서도 언급하였듯이 그는 그 당시 가장 보편적인 정치체제 분류법인 지배자의 수에 의한 체제 구분을 거부하고 있다. 그의 정치체제 분류는 기준을 먼저 제시하고 그에 따라서 정치체제를 분류하기보다는 그리스 내에서 경험적으로 가장 익숙한 정치체제를 귀납적으로 선정해 막스 베버(Max Weber)의 이념형처럼 모형화한 이후에 서로 간에 연결해 놓은 것뿐이다. 그가 정치체제의 특성으로 열거하고 있는 것은 그 체제를 지배하는 자들의 특성이다. 논리적으로는 이런 통치자의 특성은 거의 무제한이다. 그런데 *Republic*에서는 딱 다섯 가지만 관심을 두고 있다. 귀족정은 지혜를 추구하는 철인들이 통치한다. 티모크라시(명예정, timocracy)의 경우 오늘날 군인들이 통치하는 체제인데 그렇다고 군사독재정부를 의미하지는 않는다. 이 체제는 명예를 최고로 삼는 군사정부이다. 이것은 과거 철인왕 집단 밑에서 보조적 역할을 하던 수호자 집단이 직접 통치자로 나서면서 등장하는 체제이다. 그 다음에 부의 축적을 최고로 삼는 부유한 자들이 통치하는 과두정이 있다. 민주정의 경우에는 그 반대로 가난한 자들이 통치하고 완전히 자유로운 체제로 어떤 통제도 거부한다. 마지막으로 독재정치 혹은 폭정(tyranny)은 독재자 개인의 신변안전을 목표로 다른 사람들의 자유를 말살하는 매우 폭압적인 통치이다.[30]

이런 다섯 가지 구분은 플라톤이 제시한 공동체를 구성하는 기본적인 3개의 직군, 즉 일꾼(tradesman), 통치자의 결정을 집행하는 역할을 하는 보조적인 수호자 집단(auxiliary), 그리고 진정한 수호자 집단인 통치자 집단(ruler 혹은 guardian)이라는 세 가지 기능적 구분과 일치하지 않는다. 또한 그것은 그가 말하는 공동체 구성원 개개인의 세 가지 지배적인 심성 구분법, 즉 철학적인 심성, 승리와 명예를 추구하는 야망, 그리고 돈이나 다른 이해관계를 추구하는 물욕이라는 구분법과도 맞지 않는다. 그의 정치체제 분류법은 완결성이 없지만, 우리는 그의 정치체제가 통치자의 속성 혹은 지배층이 추구하는 목표와 일치함을 알 수 있다. 또한 이런 속성 혹은 목표는 그 체제에서 공직을 차지해야 하는 근거와도 부합한다. 귀족정에서는 가장 지혜로운 자 혹은 통치를 위한 전문지식이 풍부한 자들이 공직을 차지하고, 티모크라시에서는 전쟁에서 세운 공적 혹은 다른 군인다운 속성에 기반해 공직을 맡으며, 과두정에서는 보유재산의 많고 적음으로 공직 참여를 제한하고, 민주정에서는 어떤 제한이나 자격 없이 누구나 자유롭게

---

30) 번역하기 매우 까다로운 용어이다. 스스로 권력을 참칭한다는 의미에서 참주정으로 번역하기도 하지만 오늘날 거의 사용되지 않는 용어로 1인 폭정을 의미한다.

공직을 맡도록 하고, 독재정치에서는 정반대로 아무도 자유롭지 못하게 만들고 오로지 지배자 한 명만 권력을 행사하도록 제한한다.

여기서 우리가 주목해야 할 것은 플라톤이 정치체제와 그 속에 사는 개인들이 추구하는 미덕을 연동시켜 논의하고 있다는 점이다. 그리하여 그는 개별 정치체제의 속성을 해당 체제 지배자들 개개인의 속성과 동일시해 귀족정에서는 지혜를 추구하고, 티모크라시에서는 용감함을 추구하고, 과두정에서는 부유함을 추구하고, 민주정에서는 자유를 추구하고, 독재정치에서는 독재자 스스로의 신변 안전을 추구하는 것으로 규정한다. 이런 설명은 정치체제의 특성과 개개인의 속성을 구분하지 않아서, 결국 정치체제의 특성을 특정 집단의 특성과 동일시하는 오류를 범한다. 예를 들어, 플라톤은 과두정에서는 부유한 자들이 지배한다는 사실을 지적하는 것만으로 과두정의 특성이 전부 논의된 것처럼 이야기하고 있다. 하지만 과두정에서도 지혜로운 집단이나 용감한 집단 혹은 다른 사회집단들이 분명 존재한다. 그러나 그는 이러한 다른 집단들이 과두정과 어떤 연관이 있고 이들과 부자들이 어떤 관계를 형성하고 있는지 논하지 않고 있다.

5.1.4 민주정과 자유

지배자의 특성과 정치체제의 특성을 동일시하는 플라톤의 정치체제 논의는 민주정에 와서 더욱더 납득하기 어려워지게 된다. 그가 다루고 있는 민주정에 대한 논의를 보면 민주정은 빈곤의 악화와 부의 불평등 심화로 빈민들이 혁명을 통해 부자들을 제압하고서 권력을 탈취하여 수립되었고, 이들은 그 이후 어떤 구속도 받기 싫어하며 오로지 무질서에 가까운 자유를 추구하는 것으로 묘사하고 있다. 그 결과 플라톤이 묘사하는 민주정은 틀이 잡힌 정치체제라기보다는 무질서와 무정부 상태에 가깝다. 이것은 그가 민주정의 특성을 자유로 규정했기 때문에 언뜻 일리가 있어 보인다. 하지만 이런 정치체제의 특성으로서 자유와 그 구성원 개개인의 자유분방한 특성을 혼동한 결과 플라톤은 납득하기 어려운 결론을 내리고 있다. 분명 민주정에서는 각 개인이 자기만의 삶의 방식을 선호하여 살기 때문에 다른 어떤 체제에서도 볼 수 없는 유형의 인간들이 다양하게 존재한다. 심지어 한 개인도 자신의 취향에 따라 수시로 다양한 삶을 구가할 수 있다(8.561d). 어느 날은 찰나의 즐거움을 추구하면서 음악과 포도주에 빠져서 살다가 다른 날은 물 이외에는 아무것도 먹지 않으며 금식하고, 어떤 날에는 혹독한 체력단련을 하다가 다른 날은 아무것도 안 하고 빈둥거리며, 또 다른 날은 철학에 심취하여 몰두하다가 어떤 날은 갑자기 정치를 한다고 나서기도 하고, 또 다른 날은 최고의 사업가가 되겠다고 나서거나 최고의 군인이 되겠다고 나서기도 한다. 이것은 마치 마르크스(Karl Marx)의 공산당 선언에 나오는 노동으로부터 자유로운 인간의 모습을 보는 것 같다. 마르크스의 경우 이것은 생산력의 고도화로 인한 물질적 풍요로 인해 인간이 누리는 자유이지만, 플라톤의 경우에는 물적인 기반이 없이 인간 개인의 의지로 누리는 자유이다.[31]

　　하지만 플라톤이 보는 바와 같이 이렇게 개인의 삶의 양태가 자유롭다고 하여 정치체제가 그렇게 자유롭게 변화하는 것은 아니다. 다른 식으로 말하면, 플라톤이 민주정과 관련해 체제의 특성으로 언급하고 있는 자유는 사실 체제의 특성이 아니라, 그 속에 사는 인간들의 특성이다. 그가 언급하고 있는 개인의 자유는 무질서와 방만으로 해석해도 될 만큼의 자유인데 이 앞에서는 법도 무의미하며, 기존의 관습이나 미풍양속도 아무런 의미가 없다. 여기서는 오로지 각자가 원하는 것이 법이요 진리이다. 권위는 인정되지 않으며, 훌륭함이나 지혜로움이나 정치를 잘하는 능력도 의미가 없다. 오로지 여기서는 대중의 호감만 산다면 영예로운 자리를 차

---

31) 플라톤의 민주정은 가난뱅이 체제이다.

지한다. 자유로운 영혼들이기에 무수히 많은 다양성이 있고, 인간의 능력이나 지혜에서 차이가 있음을 인정하지 않기에 누구나 평등하게 대우받는 현상이 발생한다.

플라톤은 민주정에 수없이 존재하는 자유 덕분에 그 내부에는 온갖 종류의 개인만이 아니라 각양각색의 정치체제가 존재한다고 본다. 즉, 그에게 민주정은 하나의 정치체제라기보다는 그 속에 다양한 정치체제를 품고 있는 정치체제의 만물상이다. 결국 민주정이라는 체제 안에 여러 개의 다른 체제가 있다는 말은 정치의 근본적 질서로서의 정치체제가 민주정에서는 존재하지 않는다는 것을 의미한다. 이곳에는 지배층이 없으며 무정부와 무질서 상태만 존재한다. 하지만 이것은 자유로운 개인과 체제의 다양성을 혼동한 것이다. 민주정 안에 철학적인 사람이 있고, 부를 추구하는 사람이 있고, 용감무쌍한 사람이 있을 수 있고, 독재를 꿈꾸는 사람이 있을 수 있지만 이렇다고 하여 그 속에 다양한 정치체제가 있는 것은 아니다. 사실 어떤 정치체제에도 부자는 존재하며, 철학적인 사람도 존재하며 가난한 자도 존재하며 군인이 될 만한 자질을 갖춘 사람이 동시에 얼마든지 존재한다. 다만, 이들 중 누가 정치권력을 어떤 근거로 장악하느냐가 다를 뿐이다. 다시 말하면, 자유와 다양한 인간군상의 존재가 민주정 자체를 규정하는 특징이 아니다. 민주정을 정의하는 특징은 플라톤이 간단히 언급하고 지나갔듯이 가난한 자들이 장애물 없이 권력에 접근할 수 있는 것이다. 플라톤이 상상하는 것처럼, 민주정의 주력 정치집단인 가난한 자들이 실제로 다양한 삶을 사는 것은 어렵다. 그들이 철학을 하고 부를 추구하고 전투적인 체력을 기르는 것은 현실적으로 어렵다. 결과적으로 민주정의 특징이 '자유'라면 그 자유는 삶의 자유나 다양한 인간형을 양산하는 자유가 아니라 재능이나 재산이 없는 자들이 권력을 점유할 자유를 의미한다.

플라톤이 *Republic*에서 민주정의 문제점으로 자유를 지적했는데 그 이유는 자유가 바로 무질서와 무법통치로 연결된다고 보았기 때문이다. 이런 플라톤의 인식은 페리클레스가 자유를 아테네 민주정의 특성으로 보면서도 철저한 법치와 보이지 않는 사회적 압력을 통한 관습 준수를 동시에 칭찬한 것과는 상반된다. 아테네 민주정의 현실은 이 두 경우의 어느 것에도 정확하게 부합하지 않겠지만, 굳이 따진다면 페리클레스의 서술이 더 현실에 가까울 것이다.32) 그럼에도 불구하고 플라톤은 민주정의 특성으로 비난한 무질서와 무법천지 상태를 최악의 체제로 평가하는 기준으로 삼지는 않았다. 만약에 무질서와 무법 자체가 가장 큰 문제라고 보았다면 1인 독재정치보다 민주정을 더 최악의 정치체제로 평가했어야만 하는데 그렇지가 않다. 플라톤은 1인 독재정치, 즉 단 한 명만 자유롭고 무질서하게 법을 무시하는 체제보다 다수가 무질서하며 법을 무시하는 민주정을 더 좋은 것으로 평가했다. 이것이 의미하는 바는 정치체제의 평가기준으로 질서나 법의 준수를 자유보다 더 우선하지 않았다는 것을 의미한다. 즉, 다수가 무질서하고 법을 지키지 않는 체제가 한 명이 무질서하고 법을 지키지 않는 체제보다 좋은 이유는 다수가 무질서한 체제에서는 그 다수가 자유로운 반면에 독재정치에서는 한 명을 제외하고는 모두가 노예처럼 자유가 없는 상태이기 때문이다. 비록 독재정치는 한 명을 제외하고는 질서정연한 것으로 보일지라도 독재자 이외에는 자유가 존재하지 않는다. 플라톤은 이런 질서정연한 독재체제가 다수가 자유로운 민주정보다 못하다고 평가한다.

---

32) 페리클레스의 주장 역시 과장되었다는 것은 같은 이름의 그의 아들이 소크라테스와 나눈 대화를 보면 알 수 있다. 페리클레스는 아테네인들이 통치자를 무시하는 것을 자랑으로 삼고 라케다이몬(Lacedaemon) 사람들처럼 잘 복종하지 않으며, 서로 간에 단합이 잘 안되고 공익을 위해서 뜻을 합치기보다는 서로 간에 비방하고 시기하며 공사를 불문하고 다투기를 좋아하며 공적인 일은 자기와 무관한 것으로 여긴다고 불평을 늘어놓는다(*Memorabilia* 3.5.16).

5.2 정치체제의 체계적 분류시도: 『정치가(Statesman)』

　*Republic*에 이어서 플라톤의 민주 개념을 잘 파악할 수 있는 또 다른 저서는 『정치가』이다. 이 저서는 *Republic*이 정의란 무엇인가에 초점을 맞춘 것과 달리 통치란 무엇인가를 주로 다루고 있다. 그는 지금까지 줄곧 정치적 전문지식 내지 기술을 가진 사람만이 통치해야 한다고 했는데, 이런 통치 전문지식 내지 기술이 무엇인가에 대해 『정치가』에서 다른 전문지식과 구분해 집중적으로 논하고 있다. 다른 전문지식들은 서로 간에 지배하는 것이나 자신을 지배하는 것과는 거리가 멀고 그저 어떤 특별한 기능을 수행하는 것과 관련되어 있을 뿐이다. 따라서 아무리 뛰어난 장인이나 상인 혹은 선주라고 해도 통치술에는 문외한이니 통치에 관여한다고 나서면 안 된다. 또한 신전의 사제들이나 대중을 설득하는 능력이 있는 소피스트들도 진정한 통치술을 행사하는 자들이라고 보기는 어렵다. 정치적 전문지식은 바로 이런 다른 전문지식들을 모두 지배하는 상위의 지식으로, 그것은 마치 개별 씨줄과 날줄을 이용해 일종의 훌륭한 천을 짜는 것과 같은 것이라고 한다. 보다 구체적으로 그는 어떤 천을 짜야 하는지를 설명하면서 공동체를 형성하고 있는 용감한 성격을 가진 자들과 절제력을 갖춘 자들 어느 한 쪽이 비대하지 않도록 적절히 균형과 조화를 유지하도록 공동체를 짜야 한다고 주장한다.

　이렇게 전반적인 주장을 펼치는 과정에서 기존 정치체제의 통치를 논평하는 부분이 나온다. 이런 논평은 크게 2개로 구분되는데, 하나는 전문적인 지식을 가진 자가 통치하는 이상적인 정치체제를 실현 불가능한 것으로 별도로 설정하고, 그런 전문지식을 갖춘 자가 없을 때 현실적인 대안으로 전문적인 지식을 모방해서 만들어 놓은 법으로 대체해 통치하는 경우를 현실 속에 존재하는 정치체제로 분류하고 평가하는 것이다. 또 다른 하나는 이런 이상적인 정치체제와 대안으로서의 법치를 별도로 설정하는 작업 없이 바로 현실 속에 존재하는 정치체제를 있는 그대로 분류해 평가하는 것이다.

5.2.1 실존하는 체제 분류: 다섯 가지 정치체제

후자부터 보면, 플라톤은 『정치가』에서 통상적인 그리스인들의 인식을 따라 지배자의 수를 가지고 체제를 분류하고 있다. 이것은 *Republic*에서 지배자의 수에 개의치 않고 지배자의 특성을 중심으로 분류한 것과 확연히 구분된다. 그는 우선 정치체제를 통치자의 수를 가지고 한 명이 통치하는 군주정 혹은 일인정(monarchia), 소수자에 의한 통치, 그리고 민주정으로 불리는 다수대중에 의한 통치로 크게 세 가지로 분류한 다음에 곧이어 추가 기준들을 가지고 정치체제를 세분한다. 그러한 추가 체제 분류기준에는 강제와 동의, 가난과 부, 합법과 불법 여부가 포함되는데 이러한 추가 기준으로 군주정은 다시 왕정(basileia)과 독재정(tyrannia)으로 나뉘고, 소수가 지배하는 정치체제는 귀족정(aristokratia)과 과두정(oligarchia)으로 나뉜다. 하지만 다수에 의한 지배인 민주정은 이런 추가기준들이 무의미해 두 개의 체제로 나뉘지 않고 그대로 민주정으로 남는다. 즉, 민주정은 대중이 부자들을 강압적으로 지배하든 동의를 받고 지배하든, 법에 따라서 지배하든 법을 무시하든 상관없이 언제나 동일하게 민주정이라고 부른다.

여기서 정치체제의 문제는 결국 통치자의 수, 통치자의 부유함 여부, 피치자들의 동의 여부, 성문법 준수 여부이다. 논리적으로는 3×2×2×2로 24개의 정치체제가 나올 수 있지만, 각 기준들이 중복되는 것으로 인식되어 세 가지 추가기준은 사실상 하나로 통합된 듯이 논의되고 이런 추가기준들은 일인정과 소수정에만 적용되며 다수정에는 적용되지 않는다. 명시적으로 말하지는 않지만, 플라톤은 소수정과 군주정의 지배자가 당연히 부자라고 가정하고 이들 정치체제의 지배자인 1인 지배자와 소수 지배자들이 법을 지키는 것과 피지배자의 동의를 받는 것을 사실상 같은 이야기로 간주한다. 이 결과 소수가 법을 지키고 대중의 동의를 받으며 지배하는 것을 귀족정이라고 하고 그렇지 않은 정치체제를 과두정이라고 한다. 만일 통치자 1인이 대중의 지지를 받아 법을 지키면서 지배한다면 그것은 왕정이며 그렇지 않고 강제로 법을 무시하며 통치한다면 독재정이다.

이렇게 현실 정치에서 회자되는 다섯 가지 정치체제가 있는데 이들 모두 올바른 정치체제가 아니다. 이들 체제의 통치자 누구도 진정한 통치에 관한 지식을 가지고 있지 않기 때문이다. 단순히 부자라고 해서 그런 지식을 가질 수 있는 것도 아니며, 수가 많거나 적다고 해서 그런 지식을 가질 수 있는 것도 아니며, 법을 지킨다고 하여 그런 지식을 가진 것과 동등하게 취급될 수도 없다. 법은 일반적인 기준을 설정할 뿐이고 구체적인 사례와 개개인에게 적용할 수 없는 한계가 있다. 따라서 법으로 통치하는 것은 진정한 통치가 아니며, 진정한 통치는 상황에 따라서 심지어 법을 어기더라도 더 합당한 행위를 하는 것이다. 진정한 통치는 통치에 대한 참된 지식을 가지고 할 때만 가능한 것이다.

5.2.2 이론적인 정치체제 분류: 일곱 가지 정치체제

참된 지식을 가진 통치자가 강제력을 동원하든 아니하든, 피치자의 지지를 받든 아니든, 부자이든 아니든, 법에 따라서 하든 아니하든 공동체 성원들에게 진정으로 유익한 행위를 한다면 올바른 정치체제로 판정해야만 한다. 이런 참된 통치술은 다수는 절대로 터득할 수 없으며 소수나 한 명만 터득할 수 있다. 하지만 소수나 한 명도 실제로 터득한 경우가 없다면 차선책으로 그런 올바른 정치체제를 모방할 수 있는데, 올바른 정치체제를 닮은 성문법과 관습을 만들고 그 법을 절대로 어기지 않으며 통치하는 것이다. 만약에 한 명이 통치하면서 법과 관습을 따른다면 그것은 왕정이고, 소수가 그렇게 한다면 그것은 귀족정이며, 다수가 그러하다면 그것은 법을 따르는 민주정이다. 또한 이런 차선책이 아니라 올바른 정치체제를 흉내 내는 다른 방법이 있는데 그것은 1인이나 소수나 다수가 스스로 올바른 지식이나 통치술을 가지고 있다고 참칭하며 법을 기꺼이 위반하면서 통치하는 것이다. 이런 체제는 각각 독재정, 과두정, 법을 지키지 않는 민주정이다. 이런 구분법이 바로 플라톤이 『정치가』에서 두 번째로 기술한 체제분류이다.

　플라톤의 입장에서는 어떤 체제이든 올바른 정치체제가 아니라면 우선 법을 지켜서 생기는 문제보다 법을 무시하면서 생기는 피해가 더 크기 때문에 법치를 하는 세 가지 정치체제가 그렇지 않은 정치체제보다 낫다. 그렇지만 이런 법치를 하는 질서가 잡힌 세 가지 체제 중에서는 일인정이 최고이고 민주정이 최악이다. 반면에 무질서한 무법의 정치체제에서는 일인정이 최악이며 민주정이 최선이다. 왜냐하면 민주정에서는 너무 많은 사람들에게 공직이 나눠져 있기 때문에 크게 좋은 일도 할 수 없지만 크게 나쁜 짓도 할 수가 없기 때문이다. 민주정에 대한 이런 평가는 권력의 횡포를 견제하기 위해서 권력이 분산되어야 한다는 매디슨(James Madison)의 주장을 상기시킨다. 플라톤은 권력이 한 명에게 집중되어 있을 때 만약에 이 권력자가 법을 지키지 않고 횡포를 부린다면 이보다 더 가공할 폐해를 끼치기가 어려울 것이라고 본다.

　플라톤이 통치자의 수에 더해 체제 분류의 기준으로 추가한 세 가지 중에서 다른 것은 모두 제거하고 법치여부만 따져서 볼 때, 정치체제에 대한 그의 선호도는 왕정＞귀족정＞법치민주정＞무법민주정＞과두정＞독재정의 순으로 나열할 수 있다. 이 평가는 우선 법의 중립성 내지 객관성을 전제로 하며 좋은 정치체제는 구체적인 체제의 속성과 관계없이 한 결같이 법을 모방한다는 것을 가정하고 있다. 하지만 현실정치에서 법은 어떤 체제를 초월한 자연법적인 보편성도 지니고 있지만 체제의 내적 특성을 반영하는 특수성도 가지고 있다. 예를 들어, 소수정을 만든다고 할 때, 그 소수를 선발하는 기준을 설정하는 것이 필수적이고 이런 것 역시 법의 가장 중요한 내용에 속할 것이다. 그리고 이런 법은 다른 정치체제에서는 찾아볼 수 없고 귀족정, 즉 법에 따라 통치하는 소수정에서만 특수하게 찾아 볼 수 있을 것이다.

5.2.3 민주정에 대한 평가

　두 번째 체제 분류에서 민주정과 관련해 의미 있는 점은 처음 제시한 통상적인 인식과 달리 법치를 하는 민주정과 법치를 하지 않은 민주정을 명확히 구분하고 있다는 것이다. 이것은 *Republic*에서 민주정의 특성을 획일적으로 자유와 무질서로 규정한 것과도 차이가 난다. 이렇게 다수의 통치도 법치와 무법통치를 구분해 무법통치가 가능하다는 것을 명확히 인정하게 되면, 후대에 매디슨이 인정한 다수의 폭정도 개념적으로 가능하게 된다. 놀랍게도 플라톤은 법치를 하지 않는 다수정을 이야기하면서 그것이 법치를 하지 않는 일인정 즉, 1인 독재정보다 나은 이유를 제시하는데 이런 이유를 보면 그의 인식은 매디슨이 다수의 폭정을 견제하기 위해 권력을 분산해야 한다고 인식한 것과 일맥상통한다. 플라톤은 다수의 폭정이 1인 폭정보다 나은 이유를 설명하면서 공직의 분산 내지 다수에 의한 공유를 들었지만, 매디슨의 경우 인구가 작은 공동체에서는 다수가 집단이익을 위해서 쉽게 뭉칠 수 있기 때문에 다수의 폭정을 감소시키기 위해서는 이익을 공유하는 다수집단이 쉽게 형성되지 못하도록 인구가 많은 대규모의 정치체제를 만들어야 한다고 주장하면서 권력의 분산 개념을 제시하고 있다.

또한, 다수의 통치와 법치를 구분하고 있는 플라톤은 비록 법치를 행하는 민주정이라고 하더라도 통치자의 수가 많고 공직이 미세하게 분화되어 좋은 쪽으로든 나쁜 쪽으로든 큰일을 하기가 어렵다고 본다. 즉, 이것은 통치자가 사악하지 않아서 좋은 의도를 가지고 뭔가를 잘하려고 할 때도 통치자의 수가 많기 때문에 뭔가를 제대로 하기가 어렵다는 것을 의미한다. 이것은 한 개의 머리가 있는 동물이 여러 개의 머리를 가진 동물보다 의견충돌이 없이 일을 잘 집행할 수 있다는 것을 상상하면 쉽게 이해가 된다. 몽테스키외는 민주정의 지배자인 대중은 항상 너무 지나치거나 미미하게 행동한다고 평했는데 여기서 플라톤의 평가는 후자와 일맥상통한다. 이런 시각에서 몽테스키외는 민주정의 대중을 평하면서 한 방향으로 가고자 하는데도 수천 개의 발이 달려 서로 보조를 맞추기 어려워 때로는 느리게 움직일 수밖에 없는 다지동물에 비유하였다(Montesquieu 1989, p.12).

그리하여 플라톤의 민주정에 대한 평가는 법치를 하든 하지 않든 참된 지식에 의한 통치를 제외하고 현실적으로 가능한 6개의 정치체제 중에서 제일 좋은 축에 속하지도 않고 제일 나쁜 축에 속하지도 않는다. 법치를 한다면 그것은 왕정과 달리 지배자의 수가 많아서 제대로 된 일을 하기에는 너무 느린 정치체제이고, 법치를 하지 않는다면 독재정과 달리 지배자가 많기 때문에 자기들끼리 하나로 단합해 공동체에 큰 해악을 끼치기 어려운 정치체제이다. 플라톤이 보기에는 일인정이 가장 좋거나 가장 나쁜 정치체제가 될 양면성을 가지고 있으며 민주정은 어떻게 보면 모 아니면 도가 될 수 있는 정치체제가 아니라 가장 무난한 정치체제이다. 그것은 축복도 재앙도 될 수 없는 그저 무기력한 정치체제일 뿐이다. 이것은 오늘날 체제론에서 마치 정치의 교착상태(immobility)를 상기시키는 논의이다.

정치체제를 평가하는 기준이 다르지만 *Republic*에서나 『정치가』에서 민주정은 최악의 정치체제라는 평가는 면하였다. *Republic*에서는 민주정이 최악의 정치체제는 아니지만 최악으로 평가한 독재정 다음으로 가장 나쁜 정치체제이고, 『정치가』에서도 독재정을 최악의 정치체제로 평가했고 민주정은 이보다는 좋은 정치체제이다. 하지만 민주정은 *Republic*에서 소수 부자들의 정치체제로 규정한 과두정보다 나쁜 정치체제로 설정되어 있지만, 『정치가』에서는 비록 민주정이 무법통치로 전락한다고 할지라도 소수의 무법통치인 과두정보다 좋은 정치체제로 설정되어 있다. *Republic*에서는 소수가 철인왕이라면 최상의 정치체제가 될 수 있는 가능성이 열려있었고 소수의 부자들이 지배하는 과두정이라면 최상의 정치체제는 아니지만 무법천지는 아니고 어느 정도 질서가 잡힌 체제라고 규정한 반면에, 다수정인 민주정은 법치가 불가능하고 그야말로 오로지 무법천지인 세상으로 표현되면서 과두정보다 못한 체제로 평가받았다. 하지만 『정치가』에서는 민주정은 법치를 하는 민주정이든 아니든 과두정보다 좋은 체제로 평가받는다. 여기서는 무질서한 민주정과 무질서하지 않은 민주정을 나누고 소수정을 귀족정과 과두정으로 구분하지만 소수의 부자들이 법치하지 않는 과두정은 *Republic*에서와 달리 민주정보다 더 무질서하고 파괴적이라 규정하고 있다. 법치여부나 무질서만 가지고 평가할 때, 다수가 무법천지로 설치는 것보다 소수가 그러는 것이 더 위험하다고 판단했다. 이것은 언뜻 납득하기 어렵지만, 지배자가 나쁜 마음을 먹을 경우 그 수가 많을수록 공동체에 끼치는 해악이 덜하다고 평가하기 때문이다. 다수가 소수보다 한마음 한뜻으로 뭉쳐서 나쁜 쪽으로 처신하기 어렵다고 플라톤은 생각한다. 하지만 뭉치기가 어렵지만 일단 다수가 무법집단을 구성하는 데에 성공한다면 수천 명의 무질서한 악당이 수십 명의 악당보다 더 파괴적일 것이다.

5.3 극단적 체제, 진정한 체제, 그리고 혼합체제:『법률(Laws)』

현실 속에 존재하는 국가를 분류할 때 법의 엄격한 준수 여부가 중요하고 그 법은 체제 중립적인 것이라면 과연 어떤 내용이어야만 하는가하는 의문이 자연스럽게 든다. 이런 질문에 대한 답을 찾을 수 있는 곳이 플라톤의 유작인『법률』이다.『법률』에서는 정치적인 절대지식을 갖춘 인간이 태어나기 불가능하다는 전제하에 차선책으로 법과 규정을 택하게 되는데 이 법규라는 것은 일반원칙을 담은 것이지 개별 사례들에 적용되는 것이 아니다. 플라톤이 말하는 법이 무엇이냐를 두고 논란이 있지만,『법률』에서 법은 이성을 국가의 규정에 구현한 것이다. 이런 면에서 보면 그의 법의 통치는 법을 통하여 구현된 이성의 통치 내지 그 이성을 대변하는 자들의 통치로 해석할 여지가 있다. 이런 해석은 그리스인들이 일반적으로 받아들이고 있는 것과 같이 법이 관례와 대중의 옳고 그름에 대한 사회적 합의라고 보는 견해와 상충된다. 이런 일반적 인식에 따르면 법은 초역사적이거나 집단초월적이거나 이성적인 것이 아니라 역사특수적이며 집단특수적이다.

법을 통한 이성의 통치에 해당하는 플라톤의 법의 통치는 심지어 오늘날 민주정과 무관하며 그가 *Republic*에서 말하는 철인왕 정치와 별반 다르지 않다고 해석되기도 한다(Lisi 2013, pp.83-102). 리시(Francisco Lisi)에 따르면, 플라톤이『법률』에서 법의 통치를 주장하기 때문에 오늘날 민주주의에서의 법치주의 원칙을 부각한 것으로 많은 사람들이 오해하지만 실제로는 그렇지 않다.『법률』의 플라톤에게 법이 어디서 오고 그것에 왜 복속해야만 하는가에 대한 질문을 하게 되면 그의 법의 통치 주장은 오히려 민주주의 혹은 민주정과 거리가 먼 이야기가 된다. 플라톤은『법률』에서 공동체 구성원은 상호 합의를 통해 법을 주체적으로 만들고 받아들이는 자유시민이라기보다는 누군가가 정해준 법을 자신에게 내면화하여 백성으로서 따라야만 하는 인간이라고 주장한다. 다시 말하면, 『법률』에서 플라톤이 강조하는 법의 통치란 인치(人治)의 반대로서의 법의 통치를 주장하는 것이라기보다 법에 대한 심리적 복속을 의미하는 것이.

플라톤처럼 법이 특정 공동체나 구성원 의사의 외적인 것으로, 개별 공동체의 정치적 속성과는 무관하며 체제중립적인 이성을 집행하는 방식과 관련 있다고 보는 것은 후대에 와서 루소가 자신의 사회계약론에서 정형화한 법 개념과 유사하다. 루소에게 법은 일반의지를 구현한 것이며 공동체 구성원 누구에게도 특화될 수 없는 것으로 누가 지배자가 되느냐는 문제와 법의 내용은 무관하다. 루소에게 법은 이렇게 체제중립적으로 외부의 입법가가 제공할 수도 있는 것이다. 그것은 특정계급이나 집단의 특수이익을 반영하거나 지배자의 속성을 반영할 수 없다. 그에게 지배자는 법을 만드는 사람들이 아니라 누구에게나 공평하고 이익 중립적인 법을 단순히 집행하는 사람들에 불과하다. 그리고 정치체제는 이런 법을 집행하는 사람의 수가 많고 적음과 관련이 있다고 본다. 그의 논의가 플라톤과 다른 점은 법이 없는 공동체는 공동체 자체가 아니기 때문에 법이 없는 정치체제는 논의의 대상도 안 된다는 것이다. 루소에게는 법이 없는 1인지배, 소수지배, 그리고 다수지배는 정치체제의 분류대상조차 못 된다.

플라톤은 루소와 비슷하게 정치체제에 따라 법률도 다르므로 정치체제만큼 서로 다른 종류의 법률이 있다고 하는 논리를 부정한다. 그런 법은 특정 정치체제의 기득권층의 이익을 대변할 뿐이며 이런 경우 사실 그것은 법률이라고 보기 어렵기 때문이다. 법은 공동체 전체의 이익을 위해서 제정되어야만 하며 그렇지 않은 법은 사이비 법률이다. 공동체의 일부 층에 유리하게 법을 만든 입법자는 시민이 아니라 당파분자이며 그런 법은 따를 필요도 없다(4.715b). 법을 따르는 것이 아니라 법을 자신의 이익에 부합하게 만드는 자는 애초에 통치자가 되어서는 안 된다. 공직을 맡는 기준은 부유함이나 힘이나 키나 출생 성분 같은 것이 되어서는 안 된다. 오로지 중요한 기준은 누가 더 법을 잘 지키느냐 하는 것이다. 그리하여 통치자는 법의 제정자가 아니라 법의 하수인(servants of the laws)에 불과하며 법이 정부의 주인(master)이 되고 정부는 법의 노예가 되어야 한다. 그럴 경우에만 정치공동체에 희망과 축복이 깃든다. 그 반대로 법이 뭔가의 권위에 종속되고 그 자체는 어떤 권위도 없다면 그런 정치공동체는 망할 수밖에 없다(4.715de). 플라톤은 법에 대한 절대적 복속을 강조할 뿐이며 법에 정당성을 부여하는 주체나 상위의 권위 문제를 논급하지 않는다.

5.3.1 정치체제의 극단과 혼합: 민주정과 군주정의 혼합

『법률』에 나오는 법의 통치와 관련한 이야기를 뒤로 하고 지금부터는 정치체제 문제를 다루고자 한다. 『법률』의 핵심은 정치체제 논의가 아니라 체제 중립적인 법의 문제이다. 하지만 법을 논의하는 과정에서 정치체제 문제가 언급된다. 플라톤은 철인왕 같은 지성을 가진 인간에 의한 통치체제가 실현 불가능하다면 엄격한 법률에 의한 통치를 대안으로 고려할 수 있다고 주장한다. 하지만 이 법치 자체는 정치체제가 아니기 때문에 법치에 의해서 어떤 정치체제를 구축해야 하는가 하는 문제는 여전히 남게 된다. 이 문제를 다루는 과정에서 플라톤은 비록 체계적이지 않지만, 자신이 정치체제에 관해서 가지고 있는 단편적인 사고를 군데군데 드러낸다. 우선 그는 모든 정치체제의 모태가 되는 두 가지 체제가 존재한다고 보는데 그 두 가지는 군주정과 민주정이다. 전자는 페르시아가 극단적인 형태를 보이고 후자는 아테네가 극단적 형태를 대표하며 그 외 다른 모든 정치체제는 이 두 가지의 변형에 불과하다.

또한, 제대로 된 체제를 만들기 위해서는 모든 체제의 두 가지 원형인 군주정과 민주정이 각각 가지고 있는 특징적 요소인 지성(good judgement)과 자유를 결합하는 것이 중요하다(3.693d). 그런데 막상 논의 과정에서는 이 지성과 자유의 조화로운 배합보다는 권위에 대한 복속과 자유 간의 배합 즉, 자유와 그와 반대되는 복종의 절충문제를 다루고 있다. 그리하여 군주정은 지성을 대표한다기보다는 지나치게 복속만 강조하고 민주정은 극단적으로 자유만 강조하는 것으로 기술된다. 여기서 자유는 법을 지키지 않아도 되는 자유이기도 하다. 그것은 자신을 법에 복속시키고 지도하고 통제하는 사람을 더 이상 필요로 하지 않는 상태를 말하며, 지배자의 지시를 기꺼이 따르도록 하는 자제력의 상실을 의미한다. 플라톤에 따르면, 지나친 복속도 안 되며 스스로를 통제하지 않는 자유만 있는 것도 안 되기 때문에 이 둘을 적절히 중화해 체제를 만들어야 제대로 된 체제가 된다.

자유와 무절제를 지나치게 강조하거나 너무 없는 것이 문제이기 때문에 민주정과 군주정의 원칙을 적절히 혼용하는 것이야말로 체제를 제대로 만들 수 있다는 논지는 쉽게 납득이 가지만, 그가 말하는 체제의 결합 문제를 제대로 파악하기란 쉽지 않다. 우선 그는 우리가 흔히 군주정 국가로 알고 있는 페르시아도 키루스(Cyrus) 왕정 시기에는 두 가지 요소가 적절히 배합된 것으로 제시하고 있다(3.694a-b). 이런 시각에서 본다면, 극단적인 경우를 제외하고 보통의 군주정은 대부분 다 혼합정이다. 다만, 이런 군주정이 지나치게 백성의 자유를 억압하고 권위적으로 바뀔 때 비로소 체제는 타락한 체제가 된다. 키루스 이후 페르시아의 체제가 이런 사례가 된다고 한다. 민주정에 대해서도 마찬가지로 말할 수 있다. 보통의 민주정은 복종과 자유 이 두 가지 요소를 모두 혼합하고 있다. 하지만 이 자유를 중시하는 체제가 자유를 극단적으로 허용한다면 타락한 체제가 되어 진정한 체제라고 부르기 어렵게 된다. 아테네인들이 이런 극단적인 민주정의 사례를 보여주고 있다고 한다. 민주정을 자유의 극단적 표현으로 규정하는 것은 *Republic*에서 플라톤이 보여주고 있는 민주정에 대한 묘사와 비슷하다.

또한, 아테네와 페르시아가 양극단의 이념형을 나타내고 다른 체제는 이 이념형의 변형이라면 다른 모든 체제들은 이 둘을 어떤 식으로든 혼합한 것이라고 볼 수 있다. 결과적으로 아테네와 페르시아를 제외하고는 모든 국가들의 시민들은 자유와 복종을 어떻게든 동시에 구현하고 있는 것으로 볼 수 있다. 어떤 혼합이 이상적인지를 규정하지 않고 단순히 양극만 피하면 된다고 한다면, 현실에 존재하는 대부분의 정치체제는 그가 말하는 혼합정으로 이미 제대로 된 정치체제로 간주될 수 있게 된다.

5.3.2 진정한 정치체제와 파당체제: 지배/피지배의 모호한 경계선

플라톤이 염두에 둔 적절한 혼합의 의미를 시사하는 또 다른 구절은 『법률』 제4권에 나온다. 앞의 제3권에서 진정한 정치체제란 무엇인가를 논한 후 제4권에서 만약에 신이 자비를 베풀어 정치체제를 건설해 준다면 과연 어떤 체제를 만들어줄지 플라톤이 묻고 답하는 대목이 나온다. 아테네인으로 등장하는 플라톤이 어떤 정치체제를 구축할 것인가를 자문하자 대화 상대방 중 한 명이 독재정을 제외하고 민주정, 과두정, 그리고 귀족정 중에 어느 것을 선택해야 한다는 말이냐고 묻는다. 이때 플라톤은 즉답을 피하고, 자신과 이야기를 나누고 있는 상대방의 출신국들, 즉 스파르타와 크노소스(Cnossus)는 그중 어떤 정치체제에 부합하는가라고 되묻는다. 이에 두 명의 대화 상대방 모두 각각 자신이 속한 정치체제가 그중 어떤 체제에 속하는지 단정하기 어렵고, 어떻게 보면 독재정이고 다르게 보면 민주정이며, 또한 귀족정인 면도 있고 왕정이기도 하여, 한 마디로

정확하게 어떤 체제라고 분류하기 어렵다고 답한다(4.712c-e). 이에 아테
네인 역할을 하는 플라톤은 그런 체제야말로 정치체제라고 부를만하다고
말하고, 일부의 시민들이 다른 시민들을 노예처럼 복속시키고, 지배계층
을 본떠서 이름 지은 기존의 체제들(예를 들면 왕정, 귀족정, 과두정, 민주정)
은 사실 정치체제라고 보기 어렵다고 한다(4.713). 그리하여 어떤 체제에
서 도대체 지배계층이 누구이고 누가 피지배계층인지 단정하기 어려울 정
도로 여러 지배세력이 섞여 있다면 그것이 바로 진정한 정치체제라고 본
다. 여기서는 누가 지배집단이고 누가 피지배집단인지 구분하기 어렵고
지배하는 것은 오로지 법일 뿐이다.

　　이런 정치체제론은 나중에 한 번 더 반복된다. 플라톤에 따르면 민주
정, 과두정 및 독재정(tyranny)은 정치체제가 아니다. 이것 중 무엇도 진정
한 정치체제라고 불릴 수 없고 이들을 통틀어서 지배자의 이익을 추구하
는 파당체제라고 부르는 것이 올바르다고 본다. 왜냐하면 이 모든 체제에
서는 지배자와 피지배자가 구분되며 지배자는 피지배자를 억지로 구속하
여 통치하기 때문이다. 이런 체제의 지배자들은 피지배자들의 지지 하에
권력을 잡고 있는 것이 아니다. 이들은 일정 정도의 강제력에 끊임없이
의존하여 권력을 유지한다. 이들은 또한 피지배자들이 덕을 추구하거나
부나 힘 혹은 용기를 키우도록 내버려두지 않는다(8.832 c-d).

　　피지배자를 강제로 다스리는 것은 진정한 정치체제라고 보기 어렵고
기존의 모든 정치체제는 일인정이든 소수정이든 다수정이든 특정 지배분
파의 이익을 대변하는 파당정치이기 때문에 지배적인 파당에 속하지 않은
사람들은 모두 억지로 복속된다고 평가하는 것이다. 이런 평가의 기저에는
모두를 위하지 않는 법은 법이 아니라는 전제가 깔려 있다. 즉, 플라톤은
통치자의 수와 무관하게 지배층만이 아닌 모두를 위한 법으로 통치하지
않는 체제는 정치체제라고 보기조차 어렵다고 본다. 또한 현실과 다르지만

제5장 중후기 플라톤의 민주정에 관한 담론 137

법은 자발적 복종을 내포하고 있다고 본다. *Republic*에서는 철인왕 이외의 모든 체제가 타락한 체제라고 평가한 반면에 『법률』에서는 법치를 하는 혼합정체 이외에는 체제라고 부를만한 가치조차 없다고 본다. 이런 주장은 『정치가』에서 플라톤이 다른 정치체제에 대해 내린 평가보다 극단적이다. 그곳에서는 법치와 통치자의 수라는 두 가지 기준을 가지고 체제를 분류하고 법치 여부만이 아니라 통치자의 수에 따라서도 어느 정도 체제의 좋고 나쁨이 순서가 매겨질 수 있었다. 하지만 여기서는 법으로만 통치하는 혼합정 이외에는 좋고 나쁨을 떠나 체제로 부르기조차 어렵다. 사실 혼합정이 아닌 정치체제는 언제나 지배집단과 피지배집단이 존재하기 마련이기에 그런 체제에서는 법이 지배하기 어렵다.

플라톤에 따르면 자유와 복속을 적절히 섞은 바람직한 혼합 체제를 만들기 위해서는 독재정 혹은 일인정에서 시작하는 게 제일 쉽다. 이 단계에 와서는 통치자의 수가 정치공동체를 구분하는 기준으로서는 무의미해지며 새로운 정치공동체를 건설할 때 들어가는 난이도를 결정하는 중요한 요소로 등장한다. 새로운 정치공동체가 진공상태에서 출발하는 것이 아니라 기존의 공동체에서 출발하는 것으로 전제하면, 그 출발점은 1인 통치체제여야 한다고 플라톤은 주장한다. 그는 새로운 통치체제를 도입하는 데에 제일 좋은 여건을 1인 통치체제가 제공하고, 민주정이 그 다음이고 과두정이 제일 나쁜 여건을 제공한다고 본다. 왜냐하면 과두정에는 기득권을 지키려는 강력한 사람들이 한둘이 아니라 여러 명이 있기 때문이다. 새로운 정치공동체를 가장 신속하게 효율적으로 건설할 수 있는 여건은 기존 통치자의 권력이 막강하면 할수록 그리고 그런 통치자의 수가 적으면 적을수록 좋다고 본다(4.711a). 민주정의 경우 통치자의 수가 많아서 저항할 수 있는 기득권이 분산되어 있다. 1인 통치체제의 경우 힘이 통치자 한 명에게 집중되어 있는데 이 1인 통치자만 마음을 먹는다면 일은 일

사천리로 진행된다.

요약하면 『법률』에서 플라톤은 현실적으로 가장 바람직한 체제로 자발적 복종을 유도하는 법치에 기반한 혼합정을 제시하고 있다. 이런 혼합정은 자유를 이상으로 하는 민주정과 복종을 강요하는 군주정을 균형 있게 섞은 것이다. 또한 이 체제에서는 기존 체제와 달리 지배자 집단과 피지배자 집단을 특정하기 어렵다. 그래서 누가 지배한다기보다 법이 지배하며, 지배자의 특성이나 지배자 집단을 기준으로 한 체제 명칭은 더 이상 적용될 수 없다. 어떻게 보면 그 체제에서도 다양한 지배 집단이 공존하며 어느 집단도 체제의 주도권을 장악하지 못한다. 이것은 플라톤이 *Republic*에서 민주정의 특성을 체제의 만물상이라고 논한 것과 유사하지만, 무질서와 완전한 자유라는 시각에서 보면 전혀 닮지 않았다. 이런 시각에서 보면, 『법률』에 나오는 플라톤의 혼합정은 나중에 그의 제자인 아리스토텔레스가 말한 혼합정인 폴리테이아(politeia)와 유사하다고 하겠다. 이 두 개념은 기존의 순수한 체제의 특성을 조금씩 가지고 있으면서도 그중 어떤 특성 하나로 체제를 단정하기 어려운 상태라는 면에서 공통점이 있지만, 다른 한편 아리스토텔레스의 혼합정은 다음 장에서 보는 바와 같이 단순한 체제의 혼합은 아니다.

아리스토텔레스의 정치체제와 민주정에 관한 논의

"Aristotle and His Pupil, Alexander," Charles Laplante(1866)
(출처: Wikimedia Commons)

아리스토텔레스의 정치체제와 민주정에 관한 논의

6.1 플라톤과 아리스토텔레스

아리스토텔레스는 실질적인 정치학의 창시자로서 『정치학(Politika)』이라는 제목의 저서를 최초로 쓴 인물이기도 하다. 우리의 관심사인 정치체제와 관련한 내용을 살펴보면, 이 저서에는 오늘날에도 찾아보기 어려운 온전한 형태의 정치체제론이 담겨있다. 이것은 정치체제의 구성원은 누구이고 정치체제란 무엇인지, 그리고 정치체제에는 어떤 종류가 있으며 이를 구분하는 기준은 무엇인지를 탐구한다. 즉 시민론과 정치체제 구분론을 제시하고 있는 것이다. 또한, 이상적인 정치체제에 관해서도 여러 차원에서 논의하고 있는데, 특정 여건과 무관하게 일반적으로 이상적인 정치체제는 무엇이고 실현가능한 정치체제 중 가장 바람직한 것은 어떤 것이며 특정 사회적 조건이 갖추어졌을 때 가장 적합한 정치체제는 무엇인가 등을 다룬다. 끝으로 그의 정치학은 정치체제 변동론도 포함하고 있다.

그의 정치체제 변동론은 정치체제 붕괴와 이행 및 변화의 일반적인 조건뿐만 아니라 특정 정치체제에 국한된 체제변동의 요인들도 살피고 있다. 또한 이와 정반대로 정치체제를 유지하는 일반적인 조건은 무엇이며 특정 정치체제를 유지하는 데 필요한 개별적인 조건은 무엇인지도 함께 다루고 있다. 그의 저서는 오늘날 우리가 흔히 인식하는 좁은 의미의 정치체제론만 아니라 교육과 같은 보다 광범위한 주제들도 포함하고 있지만 여기서 우리의 주 관심사는 어디까지나 정치체제론에 있다.

흔히 말하기를 그의 스승인 플라톤이 관념론적이고 절대적인 이상을 강구하는 것에 반해 아리스토텔레스는 경험을 중시하고 사회적 맥락에 걸맞은 대안을 제시한다고 한다. 이런 일반적인 인식은 그의 정치체제론에서도 여실히 드러난다. 그는 다양한 사회적 현실을 이론에 담으려고 했을 뿐만 아니라 기존에 나와 있는 서로 다른 이론이나 주장들도 포괄적으로 검토하고 있다. 이런 그의 이론적 포용성은 바람직하지만 동시에 그 자신의 논지를 때때로 모호하게 만들거나 논리적인 일관성을 상실하게 하는 약점을 보이기도 한다. 플라톤이 그의 저서 『메넥세노스』에서 하듯이 자신의 관념과 상치되는 현실은 과감하게 가지를 쳐내고 이론화를 위해서는 역사적 사실도 개의치 않았던 것과 달리, 아리스토텔레스는 이론을 위한 현실의 가지치기에 신중했다. 이 결과 그는 풍부한 경험적인 사례를 제시함에도 불구하고 때때로 이론적인 완성도가 부족함을 보여주기도 했다. 또한, 어떤 경우에는 서술된 내용이 그의 주장인지 남의 주장인지 구분하기 어렵거나 서로 배치되는 주장이 등장하는 경우 그중에 어느 것이 보다 그의 본의에 가까운지 파악하기 어려운 경우가 존재한다.

6.2 수와 정치체제

이처럼 이론적인 일관성이 완전하지 않음에도 불구하고 아리스토텔레스의 정치체제론은 사상사에서 매우 중요한 역할을 한다. 이것은 두 가지 측면에서 그런데, 그중 하나는 전통적으로 내려오던 정치체제의 구분법 즉, 3이나 3의 배수로 정치체제를 나누는 3분법적인 인식을 체계화한 것이다. 다른 하나는 민주와 공화라는 개념에 대한 후대의 혼동을 유발했지만, 동시에 왕정과 공화정이라는 2분법적인 체제구분의 단초를 제공한 것이다. 우선 정치체제 3분법의 체계화라는 측면을 살펴보면, 이런 구분은 헤로도토스에서부터 시작되는 전통적인 인식으로 통치자의 수를 기준으로 체제를 3개로 구분하는 것이다. 플라톤의 경우 특히 *Republic*에서 권력을 행사하는 주체의 특성을 가지고 정치체제를 구분했지만, 기준 선정이 체계적이지 못해 구분 자체가 상호배제(exclusion)와 완결성(completeness)이 없었으며 이런 구분에서 수는 부차적인 기준에 불과했다. 따라서 앞에서도 지적하였듯이 그가 제시한 이상적인 정치체제인 철인왕정은 통치자의 수라는 기준에서 1인 왕정인지 아니면 복수의 철인왕들로 구성되는 귀족정인지 모호하게 남아있다.

이에 반해 아리스토텔레스는 『정치학』에서 체제 구분의 기준으로 통치자의 수를 분명히 제시하고 있으며 전통적인 시각과 정확히 일치하게 정치체제를 세 가지로 나눈다.33) 즉, 1인(the one), 소수(the few), 다수(the many)로 나누어 살펴보고 있다. 하지만 최고 권한을 행사하는 집단의 크기를 나눌 때 반드시 이런 식으로 구분해야 할 논리적인 정당성은 제시

---

33) 『정치학』의 영어판본은 Barker의 편역본(1948), Welldon의 번역본(1893), 그리고 Newman의 주해본(1887) 등을 참조함.

하지 않는다. 또한, 순전히 수만 가지고 볼 때 소수와 다수의 경계선도 명확하게 정하기 어렵다. 엄격히 말하자면 수는 부단하게 연속적으로 이어지는 선의 한 지점에 불과하기 때문에, 이런 구분처럼 단절적으로 결정되는 것은 아니다.

논리적으로 보면 1인, 소수, 다수의 통치에 더해 양극단, 즉 영(zero)과 모두(all)도 존재할 것이다. 통치자 수가 0이라는 것은 곧 무정부 상태를 의미하는데, 아리스토텔레스의 입장에서는 이런 무정부 상태 혹은 무질서한 정치공동체는 존재할 수 없으며 바람직하지도 않다. 왜냐하면 그에게 인간은 자연적으로 정치적인(혹은 사회적인) 동물이기 때문이다. 그는 인간이 인간다움을 완성하거나 훌륭한(good) 인간이 되는 것은 정치적인 공동체(polis)를 통해서만 가능하다고 보았다. 다른 하위의 공동체인 가족이나 마을 혹은 부족 등은 이런 인간의 최종적인 목표를 달성하기에는 충분하지 않으며 훌륭한 삶이 아니라 단지 삶 자체를 위한 결합에 불과하다고 보았다. 정치공동체를 통해서만 인간의 온전함이 완성된다고 보기 때문에, 아리스토텔레스에게 있어서 자유란 오늘날의 자유주의자들이나 무정부주의자들의 주장처럼 통치로부터의 속박을 완화하거나 제거함으로써 실현되는 것이 아니라 오히려 통치를 통해 자신의 온전함을 실현하는 것으로부터 나오는 것이다(5.4.1310a).

또 다른 극단으로서 모두에 의한 통치의 경우, 이것을 모든 이가 동시에 통치한다는 의미로 이해한다면 아리스토텔레스는 실현 불가능한 것으로 단정한다.[34] 즉 그는 그 어떤 체제에서도 모두가 동시에 직접 권력

---

34) 아리스토텔레스의 경우 이 문제에 관해 상호 모순적인 태도를 보이기도 한다. 예를 들어, 어떤 구절에서는 모두에 의해서 공직자를 선출하는 것과 모두가 각자를 통치하고 다시 자신의 차례가 되어서 각자가 모두를 통치하는 민주정의 제도를 언급하고 있다(6.2.1317b). 하지만 이것은 직접 각자가 동시에 공무수행원으로 통치하는 것이 아니라 사실 통치하는 집행관을 모두가 투표하여 모든 사람을 대상으로 선출하는 것을 의미하기 때문에 상황이 다르다. 이를 두고서 아리스토텔레스의 시각에서

을 행사할 수는 없다고 본다. 이런 상황은 결국 특정 시점에 피치자가 존재하지 않는 것이나 마찬가지가 되어 어느 누구도 타자를 통치의 대상으로 두지 않는 상황이 된다. 이것은 결과론적으로 무정부 상태와 동일한 효과를 낳을 것이다. 단순히 이념으로서만이 아니라 모두에 의한 통치를 굳이 실현하려고 한다면, 시차를 두어야만 가능할 것이다. 즉 시민들이 교대로 한 번은 통치자가 되고 다른 한 번은 피치자가 되는 경우에 가능하다. 이런 순환통치조차 완벽하게 구현하는 것은 불가능하지만, 본래의 취지를 살리기 위해서 재임기간을 줄이거나 관직의 수를 늘리는 등의 방식으로 누구든 일생 동안 권력을 행사하는 자리를 차지할 수 있는 확률을 최대한 높이는 것은 가능하다. 또한 이런 목표에 다가가기 위해서는 논리적으로 일인정이나 소수정을 택하면 안 되는 것이 분명하다.

모두가 통치한다는 것은 데모스가 통치자가 되는 것이 아니라 통치자에 대한 선출권과 문책권, 넓게는 통치자에 대한 통제권이 데모스에게 주어진다는 것을 의미한다고 주장하는 학자가 있다. 하지만 아리스토텔레스는 다른 부분에서 투표권보다는 공직진출권이 체제의 성격을 규정하는 데 중요한 요소라고 간주한다(5.4.1305b).

6.3 공익과 정치체제

아리스토텔레스는 전통적인 방식대로 최고권력을 행사하는 사람의 수를 3개의 범주로 구분하고 그에 따라서 체제를 일인정, 소수정, 다수정으로 구분했다. 하지만 그는 여기서 그치지 않고, 정치공동체를 구성하는 기본적인 목적은 구성원들이 보다 훌륭한 혹은 좋은(good) 삶을 살기 위한 것이기 때문에 이런 목적에 반하는 통치체제는 진정한 정치체제라고 보지 않았다. 즉, 통치의 목적은 통치자의 이익을 도모하는 것이 아니라 피치자의 이익, 더 넓게는 공동체의 이익을 도모하는 것이기 때문에 통치자들이 단순히 자기나 자기 집단의 이익만 추구한다면 그것은 타락한(corrupt) 체제라고 볼 수밖에 없다고 본다. 이런 시각에서 그는 정치공동체 설립의 기본취지에 부합하느냐 아니냐의 기준을 가지고 일인정, 소수정, 다수정 각각을 다시 양분한다. 이 결과 그는 훌륭한 삶 혹은 공익을 도모하는 일인정, 소수정, 다수정, 그와 반대로 통치자의 이익만을 도모하는 일인정, 소수정, 다수정 총 6개로 다시 세분했다. 그리고 이 6개의 체제를 각각 왕정, 귀족정, 폴리테이아, 독재정, 과두정, 민주정이라고 칭했다.

아리스토텔레스에게 공동의 이익 혹은 공익을 도모한다는 것은 통치자와 피치자의 관계가 주인과 노예의 관계가 되어서는 안 된다는 것을 의미한다. 훌륭한 통치자는 통치대상을 노예처럼 다루는 것이 아니라 그들의 이익을 도모해야 한다. 그리고 이런 과정에서 통치자 역시 혜택을 자연스럽게 얻게 된다고 말한다. 그는 통치자와 피치자의 관계를 선장과 선원 혹은 체육교사와 학생의 관계에 비유하기도 하는데 체육교사는 자신의 건강이 아니라 학생의 건강을 위해서 애를 쓰며 이런 과정에서 자신도 때때로 학생의 역할을 수행하면서 혜택을 본다고 주장한다.

또한, 통치자와 피치자의 관계는 부모와 자녀의 관계와도 다르다고 본다. 부모와 자식의 관계에서 부모는 통치자가 피치자를 대하듯이 자식의 이익을 돌보지만 이것은 자식이 아직 성숙하지 않았기 때문에 그렇게 하는 것이다. 하지만 통치자와 피치자는 성인과 미성년자의 관계가 아니라 서로 동등한 관계이기 때문에 함부로 하지 못하며 상대방의 이익을 존중하게 되는 것이다.

나아가 아리스토텔레스는 통치자가 본인이 통치하는 기간 동안 동등한 시민으로서 피치자들의 이익을 도모한 뒤, 다른 시민들이 통치자가 되고 자신이 피치자로 전락했을 때 똑같은 대우를 받길 기대한다고 주장한다. 하지만 이런 역지사지(易地思之)의 논리는 시민의 범위가 좁은 일인정이나 소수정에는 적합하지 않다. 일인정의 경우 아무리 번갈아 왕을 한다고 해도 모두가 평생에 한 번 왕을 할 수 없기 때문에 역지사지의 논리를 적용할 수 없다. 이것은 소수정에서도 정도는 약하지만 마찬가지다. 이와 같은 수의 문제 외에도 일인정에서는 역지사지의 논리가 적용되기 어려운 또 다른 이유가 있다. 일인정의 경우에 특정 1인의 통치자가 지닌 정당성은 그가 타의 추종을 불허할 만큼 월등히 훌륭하다는 것에서 기인한다. 즉, 수많은 사람들 중에서 그가 왕이 되는 이유는 남과 동등하지 않기 때문이다. 따라서 일인정에서는 통치자 1인만 시민이며 다른 사람들은 동등한 시민이 아니다. 논리적으로 유일한 시민이자 통치자인 왕이 시민이 아닌 사람들의 이익을 도모해야 하는 것은 그들이 자신과 동등하기 때문이거나 피치자와의 입장이 바뀔 것을 가정하는 역지사지의 논리 때문은 아닐 것이다. 그가 1인 통치자로서 피치자의 이익을 도모하는 이유는 정치 공동체의 설립목적을 온전히 이해하고 그것을 자발적으로 준수하기 때문이다. 따라서 이런 1인 통치자이자 1인 시민은 훌륭한 혹은 선한 인간이어야 한다. 그는 너무나 훌륭하기 때문에 법에도 얽매일 필요조차 없는

사람이다. 이렇게 훌륭한 인간이 지배하는 일인정을 아리스토텔레스는 왕
정이라고 명명하였다. 이에 반하여 1인이 자신의 이익만 도모하며 통치하
는 체제의 경우 그는 1인 폭정 혹은 독재정(tyranny)이라고 하였다. 그는
그의 스승과 마찬가지로 이 1인 폭정을 최악의 정치체제로 간주하였다.

  일인정의 경우 번갈아 통치하는 것이 아예 불가능하지만, 다수정의
경우에는 다수가 한꺼번에 통치자가 될 수 없기에 어쩔 수 없이 번갈아
통치할 수밖에 없으므로 아리스토텔레스의 역지사지 논리를 적용할 수가
있다.[35] 다수정에서 어느 시점에 통치하는 사람들은 다른 시점에서는 통
치를 받는다. 따라서 다수정에서의 시민은 장기적으로 피치자의 덕목과
통치자의 덕목 둘 다 훈련받을 기회가 주어진다. 또한 다수정의 경우 특
정 시점에 집권한 시민집단이 추후에 피치자의 처지가 될 것을 고려하지
않고 자기 집단의 이익만 도모한다면 설령 다수에게 이익이 된다고 하더
라도 이것은 정의롭지 못하다.

---

35) 소수정의 경우에도 소수만 통치에 참여해 순환통치를 하더라도 대다수의 자유인들
   이 교대로 지배와 피지배를 경험할 수 없다. 따라서 역지사지의 입장에서 피치자의
   이익을 도모하기에는 부족하며 통치자의 인간적인 선함 혹은 훌륭함에 의존할 수밖
   에 없다.

6.4 다수와 공익의 추구

현실에서는 특정 시점에 단지 다수의 일부가 번갈아 통치하지만 이론적으로 최고 권력집단으로 설정된 다수를 하나의 통합된 통치집단으로 가정할 때, 아리스토텔레스가 주장하는 것처럼 한 명의 판단력보다는 수천 개의 눈과 귀로 이루어진 다수 집단의 판단력이 더 좋은 경우가 있다. 더욱이 한 명 혹은 소수보다 다수는 동시에 부패하기 어렵다. 이런 측면에서 1인통치보다는 다수의 통치가 우위에 있을 수 있다. 분명 제3자의 위치에 있는 똑똑한 사람 한 명이 다수의 이익이 무엇인지 판단해 주는 것보다 다수가 자신들의 이익이 무엇인지를 스스로 판단하는 경우가 더 올바른 판단을 내릴 가능성이 높다. 이런 면에서 보면 다수가 소수나 한 명보다 통치자의 자격이 더 있다고 볼 수 있다. 하지만 문제는 다수의 이익이 곧 공익이 아닌 경우에 발생한다. 다수가 자신의 이익을 따지지 않고 공동체 전체의 이익이 무엇인가만을 따지는 판단을 하리란 보장이 없다. 오히려 다수는 자기 집단의 이익을 파악하는 데 민첩하고 소수의 이익을 등한시할 수 있다. 자기 집단의 진정한 이익이 무엇인지 누구보다도 잘 판별함에도 불구하고 다수의 사람들이 이를 등한시한 채 피치자인 소수의 이익으로 판단된 것을 실행하기 위해 뭉치는 것은 매우 어려울 것이다(6.3.1318b). 스스로의 이익에 반하는 행동을 해야 할 때 한 명을 움직이는 것보다 여러 명을 움직이는 것이 훨씬 더 어렵다. 또한 아리스토텔레스가 말하듯이, 한 명이 선하기보다 다수가 모두 선한 경우는 매우 드물다. 선한 혹은 훌륭한 사람은 어차피 소수이기 마련이다. 다수는 소수보다 타락하기 쉽지 않지만 동시에 이들 모두가 선하기란 더 어려운 것이다.

그렇다면, 통치자의 위치에 있는 다수가 뛰어난 판단력으로 자신들의 집단이익이 무엇인지 분명히 파악하고 있음에도 불구하고 왜 피치자의 위치에 있는 소수의 입장이나 공동체 전체의 이익을 굳이 배려하여 추구해야만 하느냐는 의문이 든다. 그 이유는 이미 지적한 것처럼 다수가 인간적으로 선하거나 훌륭하기 때문이 아니다. 그에 대한 이유로 아리스토텔레스가 제시한 것은 역지사지 논리이다. 다시 말하면 일인정의 경우 선한 인간으로서의 통치자 논리에 의존하여 공익을 추구하지만, 다수정의 경우 이런 논리를 택할 수가 없고, 그 대신 각자 자신의 이익을 추구하되 이 이익을 따질 때 다른 사람과 입장을 바꾸어서 판단하게 한다. 즉, 나도 언젠가 피치자의 입장이 될 수 있기 때문에 내가 통치자일 때 피치자의 이익을 돌봐야 하는 것이다. 이를 통해 긴 안목으로 보면 공익을 도모할 수 있다.

하지만 이런 역지사지 논리는 두 가지 반론에 직면할 수 있다. 그중 하나는 특정 시점에 집권한 자가 피치자의 이익이 아니라 자신의 이익을 도모하고 그 다음 시점에 이들이 피치자가 되었을 때 새롭게 통치자가 된 자들도 자신의 이익을 도모한다면 긴 안목에서 보면 이것 또한 역지사지 모형과 동일한 효과를 내지 않을까 한다. 다시 말해, 시점1에서 A가 통치자이고 B가 피치자의 입장일 때, A가 자신의 이익이 아니라 B의 이익을 도모하고 시점2에서 입장이 바뀌어 B가 통치자가 되고 A가 피치자가 되었을 때 B는 A의 이익을 도모하는 것은 긴 안목에서 보면 시점1에서 A가 A 자신의 이익을 도모하고 시점2에서 B가 B 자신의 이익을 도모하는 것과 동일하다. 즉, 시점1과 2를 동시에 고려한다면, A와 B 둘의 이익이 실현되었다는 면에서 전체이익은 변함없이 동일하다. 권력의 순환이 빠르면 빠를수록 역지사지 입장이나 개별집단 이익의 일관된 추구는 효과가 별반 다를 바가 없을 것이다. 이렇게 교대로 자기이익을 추구하는 것이 결과적으로 피치자의 이익 혹은 공동체의 이익을 추구하는 것과 일치된다는 논리에 빠지지 않기 위해서는 처음부터 정의로운 공익의 추구는 통치자들이 피치자의 이익을 도모하는 것이 아니라 통치와 피치의 구분과 무관하게 존재하는 어떤 제3의 영역에 존재하는 이익을 추구하는 것이라고 주장해야 할 것이다. 하지만 그렇게 되면 이런 제3의 공동이익을 누가 어떻게 판별할 것인가 하는 문제가 새로이 발생한다. 이런 절대적인 공익의 문제는 자아를 완전히 버렸을 때 나오는 루소의 일반의지를 파악하는 것만큼 어렵다. 또한 그것은 반드시 여러 명이라고 하여 더 잘 볼 수 있는 것만도 아니다. 많은 사람들이 자신의 이익에 눈먼 상태에서는 그 수와 관계없이 공동의 이익을 헤아리기가 쉽지 않다. 심지어 슘페터 같은 이는 그의 저서 『자본주의, 사회주의, 민주주의』에서 이런 절대적인 공동이익은 처음부터 존재하지 않는 것으로 간주한다.

또 다른 반론은 다수정에서도 이런 역지사지의 입장이 되지 않는 경우가 존재할 수도 있다는 것이다. 그것은 다수를 구성하는 자들이 시점의 변화에도 불구하고 언제나 동일할 경우이다. 예를 들면, 다수의 빈민과 소수의 부자가 있을 때 누구도 빈민이면서 동시에 부자가 될 수는 없고 어느 한 쪽에 속한다면 사회적 이동이 자유롭지 못한 경우 동시대에는 입지의 전환이 불가능하다. 이 경우 이들 다수의 통치자들은 피치자의 이익을 아리스토텔레스의 역지사지의 논리에 따라서 추구할 필요가 없을 것이다. 다수가 집단이익을 도모하기 위해 뭉치는 것이 소수일 때보다 어려운 것은 사실이지만 항구적이거나 거의 항구적인 다수의 통치 집단이 어떻게든 등장하게 된다면 이들 통치자가 소수 피치자의 이익을 역지사지의 입장에서 추구하기란 어렵다. 그럼에도 불구하고 통치를 하는 다수가 도덕적으로 중무장하고 정치공동체의 설립목적을 상기하여 피치자의 이익을 도모한다면 문제가 없다. 하지만 수많은 사람으로 구성된 다수가 훌륭하거나 도덕적으로 우월하다고 가정하거나 주장하기란 쉽지 않다. 지배하는 다수가 과연

선(good)할 수 있는가 혹은 다수정에서 시민으로서의 훌륭함과 인간으로서의 훌륭함이 일치할 수 있는가 하는 문제는 아리스토텔레스가 복잡한 논의 끝에 내린 결론과 같이 '아마도 아니다'가 정답일 것이다. 이런 경우 다수가 피치자의 이익이 아니라 스스로의 이익을 추구할 가능성이 많다. 이런 정치체제를 아리스토텔레스는 민주정이라고 명명했다. 이런 시각에서 볼 때 다수가 자기 집단 이익만 추구하는 민주정을 그가 논의하면서 이 체제가 지닌 계급적 속성을 지속적으로 지적하고 있는 것은 결코 우연이 아니다. 나쁜 다수정인 민주정은 따지고 보면 빈민 지배체제인 것이다. 더 원색적으로 표현한다면 아마도 이런 다수정은 빈민이 지배하고 있기 때문에 나쁜 것이다. 이들 빈민은 빈민이 아닌 자들의 이익을 도모하는 것에 관심이 없다. 가진 것이 없는 이들 빈민은 권력을 가지고 공익을 도모하기보다는 스스로의 이익을 증진하는 데에 몰두할 것이다.

6.5 불확실성과 혼합정: 세력 간 권력의 분점제도

일반적으로 다수와 소수의 분열이 항구적이면 역지사지의 방법을 채택하는 것은 불가능하다. 하지만 이런 경우에도 통치자가 자신의 이익만 추구하지 않게 하는 방법이 없는 것은 아니다. 그것은 통치자와 피치자의 구분을 희석시켜서 누가 통치하는지 불확실하게 만드는 것이다. 이런 측면에서 이것은 불확실성의 논리 혹은 견제와 균형의 논리라고 부를 수 있다. 즉, 특정 시점에서 정치공동체를 구성하는 각 부분(elements)이 권력을 분점해 각각의 이익이 동시에 조금씩 균형을 이루도록 정치체제를 짜는 것이다. 이른바 전통적인 혼합정 이론이다. 전통적인 혼합정은 각 부분들의 이익이 다름을 인정하고 개별 부분들의 이익을 동시에 추구하도록 하는 것이다. 그것은 2개나 그 이상의 정치체제가 갖는 제반 특성을 섞는 식으로 이루어진다. 구체적으로 아리스토텔레스가 제시한 제도의 융합 사례를 보면, 공직에 임용하는 방법은 다수정(민주정)의 특징인 무작위 선발이 아니라 소수정(과두정)의 요소인 투표로 하고, 임용 자격은 다수정(민주정)의 요소를 따라서 재산과 무관하게 선발될 수 있게 하는 것이다. 또 다른 융합의 예로는 법원 운영 제도를 들 수 있는데, 부자가 법정 재판원으로 일하기를 거부하면 벌금을 내도록 하는 소수정(과두정)의 제도를 도입하는 동시에 다수정(민주정)에서처럼 가난한 자들에게는 법정 재판원으로 일하면 일당을 주도록 하는 것이다.

아리스토텔레스가 경험적으로 보았듯이 아주 드문 순수한 형태의 체제를 제외하고는 사실상 모든 정치체제가 두 개 이상의 체제 특성이 섞여 있는 혼합정이다.[36] 이런 정치체제는 정치공동체를 구성하는 제반 분파

---

36) 혼합정 중에서 체제의 정치참여권을 요구하는 근거인 세 가지 요소, 즉 자유민으로

들 간의 힘의 균형이나 견제로 어느 쪽도 지배적이지 못할 때 일종의 타협점으로 등장할 수 있을 것이다. 경험적으로나 논리적으로 가능한 수많은 혼합정 중에서 아리스토텔레스는 두 개의 대립하는 체제인 과두정과 민주정의 특성이 섞여 있는 경우, 특히 민주정의 특성이 둘 중에 조금 더 우위에 있는 체제를 '폴리테이아'라고 불렀다(4.7.1293b).

　　이런 혼합정을 논하는 과정에서 아리스토텔레스는 처음에 체제구분을 위해서 제시한 기준인 통치자의 수와 공익 도모 여부 중에서 공익 도모 여부를 따지지 않는다. 혼합정 논의에서는 소수 대 다수라는 기준과 중첩되지만 부와 가난이라는 제3의 기준을 강조하는 듯하다. 하지만 우리는 처음에 그가 제시한 기준으로 볼 때에도 이런 혼합정인 폴리테이아는 빈민과 부자를 동시에 아우르기 때문에 당연히 다수정이며, 이 체제의 통치자가 도모하는 이익 역시 사익이 아니라 공익이라고 할 수 있다. 왜냐하면 이 체제는 앞에서 제도적 혼합의 예로 열거한 바와 같이 빈민의 이익도 보장하고 부자들의 이익도 보장하기 때문이다. 그것은 같은 다수정이지만 다수를 차지하는 빈민들의 이익만 일방적으로 옹호하는 민주정과 다르다.

서의 신분, 부, 능력이 균등하게 섞여 있다면 귀족정이라고 하고 단지 두 개, 즉 가난과 부로만 구성된 경우 폴리테이아라고 한다(4.8.1294a).

6.6 중용과 혼합정: 중산층과 폴리테이아(Poleteia)

전통적인 혼합정의 경우처럼 서로 다른 체제의 특성을 선택적으로 혼합하는 것도 아리스토텔레스가 염두에 두고 있는 혼합의 의미이기는 하지만, 그가 말하는 또 다른 의미의 혼합은 '중용(mean)의 원칙'이다. 중용이 좁은 의미의 혼합(혹은 견제와 균형 내지 통치주체의 불확실성)인지 아닌지 논란의 여지가 있지만 그는 양극단이 아니라 가운데를 취하는 것도 혼합이라고 본다. 인간의 심리상태에 비유해 말하자면, 중용의 미덕은 위험이 닥쳤을 때 만용이나 비겁함이 아니라 용기를 내는 것이다. 그가 말하는 중용은 일차원의 이해관계에서 두 개의 양극단을 동시에 충족하기 어려운 경우 중간지점의 이익이 지배적인 것을 의미한다. 이것은 전통적인 혼합정의 혼합과 의미가 다르다.37) 중용의 정치로서 혼합이 의미하는 것은 여러 개의 이익을 동시에 뒤섞어 반영한다기보다는 중간지대를 형성하는 사회구성 부분의 이익을 지배적으로 반영하는 것이다. 이것은 예를 들어, 서로 상충하는 빈부라는 일차원적인 이해관계에서 빈민도 부자도 아닌 중산층의 이익이 도모되도록 정치체제를 짜는 것이다. 이런 중산층이 지배층이 되려면, 사회계층 구성에서 중산층의 힘이 빈민층과 부유층의 힘을 합친 것보다 월등하거나 이 두 개 계층 중 하나와 연합했을 때 다른 나머지 계층의 힘보다 압도적으로 우월한 상태여야 할 것이다. 구체적으로 아리스토텔레스가 염두에 두고 있는 중산층이란 보병으로서 자신의 무기를 소유할 정도의 재력이 있는 계층으로서 이들은 무산계급처럼 가난하

---

37) 실제로 그는 세 가지 혼합방식을 거론하고 있는데 그것은 중용의 방법, 민주정과 과두정의 요소를 동시에 채택하는 방법, 민주정에서 한 요소를 택하고 과두정에서 또 다른 요소를 택해 섞는 방법이다. 그런데 이 뒤의 둘은 실제로 구분하기 어렵다(4.8. 1294b).

지도 않지만 말을 길러 기병대를 조직할 만큼 아주 부유하지도 않다. 아리스토텔레스는 이런 중간층이 다수인 체제도 혼합정이라고 했고 폴리테이아라고 칭했다.

　　그리하여 아리스토텔레스가 왕정이나 귀족정과 구분해 하나의 독자적인 정치체제로서 폴리테이아를 논할 때 그것은 두 가지 다른 의미를 지닌다. 즉, 전통적인 의미의 혼합정과 중용의 의미로서의 혼합정 혹은 중산층 다수체제를 동시에 의미한다. 둘 다 다수정인 것은 맞지만, 전자와 달리 후자가 과연 공익을 도모하는지 그리하여 올바른 정치체제인지 의문이다. 앞의 폴리테이아는 중산층을 반드시 전제로 하지 않으며 빈자와 부자의 이익을 동시에 보장하기 위한 힘의 균형만 있으면 된다. 하지만 뒤의 폴리테이아는 다수를 차지하는 중산층을 매개로 하는 힘의 균형이 필요하다. 아리스토텔레스가 처음에 제시한 체제 구분 기준을 엄격히 적용하기 위해서는 올바른 체제인 중산층 다수체제가 어떤 의미에서 공익을 추구하는지 확인해야만 한다. 분명 이 체제는 빈자와 부자의 계급갈등 속에서 빈자의 이익도 부자의 이익도 일방적으로 추구하지 않는 것이 맞다. 하지만 이들이 빈자의 이익도 추구하지 않고 부자의 이익도 추구하지 않는다고 해서 과연 그것이 공익을 도모하는 것일까? 공익을 도모하는 것이라면 그것은 어떤 의미에서 공익을 추구하는 체제인가? 아리스토텔레스의 공익은 분명히 통치자 자신의 이익이 아니라 피치자의 이익을 추구하는 것을 반드시 포함한다. 그런데 중산층 다수체제에서 우리가 피치자로서 설정할 수 있는 범주가 바로 빈자와 부자이다. 그런데 이들 피치자 어느 누구의 이익도 추구하지 않는다면 어떤 의미에서 그것은 공익을 추구하는 체제라고 말할 수 있는가?

　　만약에 이 중산층 체제의 경우, 피치자인 부자와 빈자의 이익이 도모되지 않는다는 말이 중산층의 이익을 보장하는 것을 의미한다면 그것만으로는 공익을 도모한 것이라고 말하기 힘들다. 빈자의 이익과 부자의 이익이 중간층의 이익과 분명히 별개로 존재하는 것이라고 가정한다면, 이 둘의 중간에 존재하는 이익은 둘 중 어느 누구의 이익에도 도움이 안 될 것이고, 중간지점 역시 또 다른 사익(private interest) 지점으로 존재하는 것이 아닌지 의심할 수도 있다. 예를 들어 어떤 공직은 너무 많은 소득을 가진 사람도 안 되고 너무 재산이 없는 사람도 안 된다고 자격을 정하면 이것은 분명 중용의 원칙이 적용된 것이지만 공익이라기보다는 중간층의 집단 사익을 위한 자리라고 볼 수 있다. 이런 식의 자격 제한을 두는 중산층 다수체제라면 그것은 분명히 중산층 스스로의 이익만을 도모하는 체제이기 때문에 올바른 체제라고 볼 수가 없을 것이다.

또 다른 해석으로 중산층이 자신의 이익도 아니고 빈자와 부자의 이익도 아닌 이익을 도모하는 경우를 생각해볼 수 있다. 오늘날 상황에서 예를 들면, 부자들은 재산세 인상을 반대하고 빈자들은 재산세의 급격한 인상을 주장한다면, 중간지점은 완만한 재산세 인상이 될 것이다. 중용의 원리에 따르면 폴리테이아에서 중간층은 이렇게 완만한 재산세 인상을 추진할 것이다. 부자들의 입장에서 보면 지나친 인상이 없어서 차선책이고 가난한 자들의 입장에서 보면 재산세 인상이 없는 것보다는 분명 낫다. 그런데 이 완만한 재산세 인상도 일종의 인상이기에 중산층의 경우 세금 인상으로 이어지고 이것은 해당 집단의 이익을 침해하는 것이다. 중산층에 더욱 좋은 것은 부자들처럼 재산세 인상을 아예 없애는 것이다. 자신의 집단이익에 반하면서까지 중간의 입장을 취하는 이런 폴리테이아는 사익을 추구하지 않기 때문에 분명히 올바른 체제이다.

하지만 여전히 문제는 남아있다. 왜 중간에 있는 중산층은 자신이 속한 집단의 이익 극대화가 아니라 타자 집단인 양극단의 집단이익을 조금이라도 도모해야만 하는가? 이에 대해 아리스토텔레스는 양극단의 중간에 위치한 사람들이 일반적으로 선한 혹은 훌륭한(good) 인간들이기 때문이라고 답한다. 아리스토텔레스에 따르면 훌륭한 혹은 선한 것은 중간에 존재한다. 따라서 중간층 혹은 중산층은 선한 인간들이다(4.6.1293a). 중산층은 가난한 자들처럼 다른 사람의 재화를 탐내지 않으며 가진 것도 그렇게 많지 않기 때문에 심지어 남의 탐욕의 대상도 되지 않는다(4.11.1295b). 다른 말로 하면, 스스로도 탐욕스럽지 않으며 다른 사람을 탐욕스럽게 만들지도 않는다. 이런 선한 인간은 마땅히 자신의 이익이 아니라 타자의 이익을 도모할 수 있다. 그렇기 때문에 자신의 욕망과 이익이 아니라 이성을 따르고 공익을 추구할 가능성이 높다. "이런 상태[중간상태]에 있는 사람들은 가장 쉽게 이성을 따른다. 극단에 속한 사람들은, 지나치게 잘생겼거나 지나치게 힘이 세거나 지나치게 고귀하거나 지나치게 부유한 사람들 혹은 그 반대로 지나치게 가난하거나 지나치게 허약하거나 지나치게 무식한 자들은 이성을 따르기가 어렵다(4.11.1295b)."

이렇게 중산층은 중간에 위치하기 때문에 선하다는 것에 동의하더라도, 이들이 다수를 차지한다면 다수의 선한 사람이 나오기 어렵다고 보는 또 다른 주장을 어떻게 수용해야만 하는가?[38] 이 두 개의 주장이 완전히 논리적으로 모순되지는 않지만, 아리스토텔레스가 강조하고 있는 것처럼 다수가 선한 동시에 중간층을 이루는 사회는 그만큼 희귀하다고 보아야 할 것이다. 결과적으로 그런 중간층에 기반한 폴리테이아도 보기 드문 정치체제일 수밖에 없다. 이런 폴리테이아의 경우 비록 실현 가능한 정치체제 중에서 제일 바람직한 것이라고 하더라도 현실에서 그것을 실제로 찾아보기 어렵다면 결국 실현 가능하다는 것 자체가 무의미하지 않을까 한다.

---

38) 중산층이 선하다는 가정은 앞에서 다수는 선하기 드물다는 것과 서로 상충된다. 두 개의 주장을 그대로 받아들인다면 이것은 중산층이 보이는 이중성으로, 다수의 무리로서 중산층은 선하기 어렵지만, 극단의 중간지점을 대표하는 중산층은 선할 수 있다.

6.7 법치와 나쁜 체제

두 번째 논의 주제로 아리스토텔레스가 민주와 공화의 개념적 혼동을 유발했다는 것을 살펴보기 전에 중간계급은 이성을 따른다는 주장을 여기서 다른 문제와 연결해 추가로 논의하고자 한다. 그것은 법의 지배 문제이다. 아리스토텔레스에게 폴리테이아의 중간계층은 이성을 따르는 인간들이기 때문에 이들이 지배하는 폴리테이아도 또한 법에 따라서 통치된다(3.17.1288a). 왜냐하면 『정치학』에서 법은 모든 감성 혹은 열정으로부터 자유로운 이성으로 정의되기 때문이다(3.14.1287a). 이렇게 중간계층은 이성을 통해서 법의 지배와 연결되지만 또 다른 면에서도 법과 연결되는데, 그것은 중간계층은 중립적인 중재자이기 때문이다.[39] 아리스토텔레스에 따르면 정의를 추구하는 것은 곧 중립적인 권위를 찾는 것이고 법이 바로 그런 중립적인 권위이다(3.14.1287b). 중립은 중간에 존재하면서 갈등하는 당사자들과의 이해관계로부터 자유로워야 한다. 중산층과 법은 바로 이런 자유를 가지고 있다는 면에서 공통점이 있다.

경험적 규칙을 강조하는 아리스토텔레스가 법을 일반적으로 수용되는 사회적 합의 혹은 규약으로 정의하기보다는, 일종의 추상적이고 보편적인 초경험적 법칙을 함유하는 이성이나 신(God)에 비유하는 것은 이해하기 어렵다. 또한 대중이 아무리 중산층이라고 하더라도 과연 이성적인가하는 질문을 해볼 수 있다. 이들은 수가 많은 무리이기 때문에 쉽게 타락하지 않으며, 상호 간 빈부격차가 심하지 않아서 동질적이기 때문에 내부 분열이 많지 않아 덜 파당적이다. 하지만 여전히 다수의 무리이기 때문에 이성으로부터 멀어진다고 볼 수도 있다. 다수가 사리판단이 뛰어난

---

39) 중산층은 또한 최고로 신뢰할 수 있는 중재자다(4.12.1297a).

소수의 엘리트보다 더 이성적인 판단을 내린다고 보기 어렵다.[40] 특히 중
산층처럼 매우 동질적인 집단은 내부 당파 분쟁이 적지만 그 반대로 획일
적인 군중심리에 더 노출되기 쉽다. 즉, 내부 분열이 없기 때문에 그때그
때 분위기에 따라서 한쪽으로 휩쓸리기가 더 쉬울 것이다.

법과 관련해 아리스토텔레스가 변덕이 심한 인간보다 감정(passion)
으로부터 자유로운 법의 지배를 받는 것이 더 좋다고 하였고 그의 스승처
럼 법이 최고의 권위를 누리지 못하는 곳에서는 정치체제 자체가 있다고
보기 어렵다고 하였지만, 또 다른 한편으로 그가 인정하듯이 법은 체제에
연동되어 있는 것도 사실이다. 즉, 어떤 정치체제를 택하느냐에 따라서 법
도 변경되는 것이다. 이것은 법이 정치체제에 복속하는 것을 의미하는 것
인 동시에 법이 정치체제를 지배하는 특정 통치자 집단에 복속한다는 것
을 의미한다. 결과적으로 좋은 통치체제를 갖추게 되면 법 역시 좋은 법
이 되는 것이며 그렇지 않은 체제의 법은 나쁜 법이 된다(4.4.1292a). 이것
은 법이 상대적이라는 것을 의미하며 반드시 보편적이며 이성적이지만은
않다는 것을 말한다.

심지어 아리스토텔레스가 좋은 통치체제라고 평가하는 것도 반드시
법치국가는 아니다. 왜냐하면 1인 폭정이나 대중의 포고령만으로 지배하
는 형태의 민주정 같이 나쁜 정치체제들만이 아니라 좋은 정치체제 중의

---

40) 아리스토텔레스가 다수가 잘 판단한다고 할 때, 이 판단은 이성적 원리의 파악을 의
미하지 않는다. 그는 다만, 다수가 누가 훌륭한 정치인이 될 것인가를 판별할 수 있
는 능력이 있다고 본다. 이것은 마치 자신이 위대한 화가가 아니면서도 어떤 그림이
위대한 그림인지 판단하거나 자신이 위대한 제빵사가 아닌데도 불구하고 어떤 빵이
가장 맛있는 빵인지 판단하는 능력을 말한다. 이것은 원리에 대한 이성적 이해나 정
치적인 결정을 잘 내릴 수 있다는 것을 의미하지는 않는다. 이런 문제는 수와 무관
하다. 예를 들면, 복잡한 수학 문제를 푸는 것은 문제를 풀려는 사람의 수와 무관하
다. 마찬가지로 복잡한 사회적 문제를 푸는 정치적 결정 역시 단순히 수의 문제는
아니다. 그렇기 때문에 아리스토텔레스는 대중에게 이차적인 결정만 위임해야 한다
고 주장하기도 한다. 즉, 직접 결정자가 되는 것이 아니라 결정자를 선정하거나 그
들에게 책임을 묻는 역할이 대중에게 어울린다고 본다(3.11.1281b).

하나인 순수한 왕정, 즉 탁월한 1인의 판단력에 따라서 통치하는 체제도 법이 최고의 권위에 있지 않기 때문이다. 이런 왕정에서는 왕이 바로 법이다(2.13.1284a). 반대로 나쁜 체제인 과두정에서도 법치가 일어날 수 있다. 가장 극단적인 형태의 과두정(벌족 정치체제)은 법치가 아닌 인치를 시행하지만 과두정의 다른 형태들 특히 가장 온건한 과두정은 법치에 기반하고 있다. 이 온건한 과두정은 어느 정도의 재산만 있다면 공직 참여권을 주는 체제인데 여기서는 대부분의 사람들이 많지는 않지만 어느 정도 재산을 가지고 있다. 이 체제의 시민들은 거대한 자산가들처럼 자신의 사업을 돌보지 않고 정치만 할 정도로 여유가 많지도 않고, 가난한 사람들처럼 생계를 위해서 국가에 의존해야 하기 때문에 정치를 하지 않고는 안 되는 사람들이 아니므로 자신들이 직접 통치하지 않고 최고의 통치권을 법에다 맡겨두어 법치가 이루어진다(4.4.1293a). 그런데 이런 체제도 여전히 과두정으로 크게 보면 나쁜 체제에 속한다. 이렇게 보면 법치라는 것은 좋은 체제만의 특성이 아니라 좋고 나쁜 체제와 교차하는 것이다.

6.8 민주와 공화: Politeia, Res Publica, and Republic

3분법에 의한 체제구분을 체계화한 것만이 아니라 아리스토텔레스의
『정치학』이 정치체제론, 특히 민주정 논의와 관련해 중요한 또 다른 이유
는 후세대의 학자들이 보이는 매우 중요한 개념적 혼동의 단초를 제공했
기 때문이다. 여기서 말하는 개념적 혼동은 바로 민주정과 공화정의 혼동
이다. 이 문제는 그가 구분한 6개의 체제 중에서 다수가 공공선을 염두에
두고 지배하는 체제를 일반적인 정치체제를 의미하는 폴리테이아(poleteia,
polilty)라는 단어로 명명하는 데서 비롯되었다. 폴리테이아는 우리가 앞에
서 본 바와 같이 영어로 *Republic*으로 번역되는 플라톤의 저작 명칭이기
도 하다. 플라톤만 하더라도 폴리테이아라는 단어는 하나의 독자적인 정
치체제가 아니라 보편적인 정치체제를 칭하는 용어로 사용된다. 하지만
아리스토텔레스에 오면 폴리테이아는 이런 일반적인 보통명사 이외에 앞
에서 본 바와 같이 특별한 형태의 정치체제를 의미하는 용어로 사용되고
있다. 그는 자신의 『니코마코스 윤리학』에서 이런 명칭이 자신이 만든 것
이 아니라 그 당시 이미 그렇게 통용되고 있는 것이라고 주장하고 있지만
사실여부를 판단하기 어렵다. 어쨌든 플라톤과 달리 그는 폴리테이아라는
단어를 이중적인 의미로 사용하고 그중 하나를 특수한 형태의 체제를 가
리키는 명칭으로 사용한다.

아리스토텔레스에 따르면, 앞서 지적한 바와 같이 독자적인 체제인
폴리테이아는 스스로 보병으로 무장할 수 있는 정도의 자산을 가진 중산
층이 지배하고 이들이 공익을 도모하는 체제이다. 또한, 그것은 법치국가
중 하나이며 민주정과 과두정을 혼합하되 민주정적인 요소가 더 많은 정
치체제이다. 어떻게 보면 그것은 다수가 자신의 수적 우위만을 내세워 독

재를 하지 않는 온순한 형태의 민주정이고 플라톤이 『정치가』에서 말하는
법치 민주정에 비유될 수 있다. 아리스토텔레스는 또한 이 체제를 그의 윤
리학인 『니코마코스 윤리학』의 제8권 10장에서 폴리테이아라고 흔히 부르
지만 'timocracy'라고 부르는 것이 적합해 보인다고 말하기도 했다. 그 이
유는 이 체제에서는 통치권이 어느 정도의 재산평가액에 따라서 주어지기
때문이다(Aristotle 2011). 그리스어 'timē'는 재산평가와 관련이 있다. 그
의 윤리학에 따르면 이 체제는 민주정과 아주 조금만 다를 뿐이다. 그것은
민주정과 마찬가지로 다수의 통치체제이고 일정 정도의 재산을 가진 자들
이라면 누구나 동등하게 취급한다. 플라톤에게 티모크라시의 주요한 특징
은 재산평가가 아니라 용기와 전쟁수행 능력의 우월성과 더 연관이 있다.
그렇지만 아리스토텔레스 역시 『정치학』에서 폴리테이아의 특징으로 무장
보병부대를 구성한 시민의 전쟁수행 능력에서의 우위를 강조하고 있다는
점에서 이 둘은 전혀 무관하지 않다. 다만, 바라보는 관점의 차이로 보인
다.

　　아리스토텔레스가 이 체제의 명칭을 어떤 때는 티모크라시라고 하고
다른 때는 폴리테이아라고 하지만 후대의 폴리테이아 혹은 'republic'이라
는 단어의 용법과 관련해 그의 논의가 중요한 이유는 그는 이것을 하나의
독자적인 체제로 설정하고 이 체제를 왕정이나 귀족정과 구분해 사용하고
있다는 사실이다. 이것은 오늘날 많은 학자들이 'republic'이라는 단어를
왕정이 아닌 별개의 정치체제를 의미한다고 이해하는 것과 같은 취지이
다. 또한, 많은 후대의 학자들이 공화정과 민주정을 혼동하듯이 그 역시
폴리테이아와 민주정을 각각 정반대로 서로 좋은 체제와 나쁜 체제로 평
가하면서도 다수정과 평등의 강조라는 측면에서 별반 큰 차이가 나지 않
는 비슷한 체제로 본다. 다시 말하면 그는 폴리테이아가 왕정이나 귀족정
과 다른 부류에 속하며, 민주정과 같은 부류에 속한다고 보았다.

아리스토텔레스에 의해 특정 정치체제로 지정된 폴리테이아는 이렇게 탄생 때부터 민주정과 밀접하게 연관되어 등장했다. 이는 민주정의 타락하지 않은 형태의 체제로서 어떻게 보면 좋은 민주정 내지 올바른 민주정이다. 이 체제는 내용상 민주정과 유사함에도 불구하고 아리스토텔레스는 후대에 'republic'으로 번역되는 폴리테이아라는 명칭을 별도로 붙여주었다. 폴리테이아와 민주정 간의 이런 긴장관계는 그의 스승인 플라톤에서도 느낄 수 있다. 플라톤은 『정치가』에서 법치여부에 따라서 일인정과 소수정에 서로 다른 이름을 부여한 것과 달리 다수정인 민주정에 대해서만은 법치여부에 따른 별도의 이름을 짓지 않고 모두 민주정이라고 부른다. 즉, 그는 법에 따르는 민주정과 그렇지 않은 민주정으로 나누었다. 여기서 법에 따르는 민주정이 아리스토텔레스가 말한 폴리테이아에 상응한 위치를 차지한다. 다만, 플라톤은 아리스토텔레스와 달리 좋은 민주정도 별도의 이름을 부여하지 않고 여전히 같은 명칭인 민주정의 범주 안에 두었다.

아리스토텔레스에 와서 폴리테이아는 단순히 체제일반을 가리키는 명칭일 뿐만 아니라 타락한 다수정, 즉 민주정이 아닌 올바른 다수정 체제를 칭하는 별개의 이름으로 등장했지만 이것만으로는 후대의 민주정과 공화정의 혼동이 유발되기에는 충분하지 않다. 이런 혼동을 야기한 결정적인 매개 변수는 'aristocracy'나 'democracy'나 'monarchy'라는 그리스어에 기원한 용어와 달리 폴리테이아라는 용어가 후대에 그대로 전승되지 않고 로마어에서 유래한 영어인 'republic'으로 대체된 것이다. 이런 'republic'으로의 대체에 책임이 있는 인물이 바로 로마의 정치인이자 사상가인 키케로이다. 그가 바로 그리스어의 폴리테이아를 오늘날 영어 'republic'의 어원인 'res publica'로 번역한 인물이기 때문이다.

하지만 정작 키케로는 폴리테이아의 번역어인 'res publica'를 독자적인 정치체제의 명칭으로 사용하지 않았다. 그는 일관되게 아리스토텔레스 이전의 폴리테이아 개념만 견지하고 있다. 공익을 도모하는 정치조직체를 의미하는 플라톤의 폴리테이아에 해당하는 키케로의 'res publica'는 사적인 것이 아닌 어떤 공적인 영역에 속하는 것으로서 오늘날 개념으로 보면 공적인 관심사 혹은 대상물 정도에 해당하며, 인민과 인민의 구성체로서의 도시(나라)와 마찬가지로 정치나 통치의 대상이 된다. 그가 'res publica'라는 용어를 사용할 때만 하더라도 이 용어는 하나의 온전한 정치체제가 아니라 그 안에서 모든 정치체제가 만들어질 수 있는 공적인 공간으로 간주된다. 그에 따르면, "republic(res publica)은 인민의 것(a thing of a people, res populi)이다. 그리하여 내가 설명한 것과 같은 무리의 모임인 모든 인민(every people), 인민의 구성체인 모든 도시(every city)와 내가 말한 바와 같이 인민의 것인 모든(every) republic은 오래 지속될 수 있도록 일종의 심의를 통하여 통치되어야만 한다(Cicero 2014, pp.47-48)."[41] 여기서 그가 말하는 심의는 어떤 것에 관한 권한의 행사와 관련이 있다. 또한 그가 말하는 "인민(people)은 어떤 식으로든 무리를 지어서 모인 모든 종류의 인적인 결합을 의미하는 것이 아니라 무엇이 옳고 그른지(정의)에 대한 합의와 이익의 공유로 뭉쳐진 다수의 결합이다." 따라서 그에게 인민은 인간의 공동체이되 기본적으로 정의의 개념과 이익을 상호 공유하는 공동체이고 'res publica'는 이런 인민들에게 속한 공유물이다.

이런 res publica, 즉 republic을 운영하는 방식은 여러 가지이다. 1인이 모든 것들에 대한 권위를 장악해 운영하는 왕정체제도 가능하고, 소수의 선택된 사람들이 모든 것들에 대해서 권위를 장악해 운영하는 귀족정도 가

---

41) "A republic(res publica) is a thing of a people(res populi)"은 우리나라 헌법 제1조를 연상하게 한다. 헌법 제1조에 등장하는 용어로 번역하면, 공화국은 민국이 다로 번역되어 매우 의미심장한 구절이 된다. 다만, 공화국과 민국이 순서가 바뀌어 등장한다. 이것은 키케로의 글을 반영했다기보다는 우연의 일치로 보인다.

능하고, 다수 혹은 인민 모두가 모든 것들에 대해서 권위를 행사하는 대중 혹은 민중(popular) 정치도 가능하다. 또한 이런 체제들이 섞인 혼합정, 즉 키케로의 용어로는 제4 형식의 체제(a certain fourth type of republic)도 가능하다. 그가 정의한 인민(people) 역시 이런 모든 정치체제에 기본적으로 존재하는 것이다. 왕정이든, 귀족정이든, 대중정치든 모두 다 인민의 것인 'republic'을 운영하는 방식에 불과하며 세 가지 기본적인 정치체제 중 어느 것도 원래 정치공동체 구성의 취지를 완벽하지는 않지만 다른 것들에 못지 않게 잘 살릴 수 있다(Cicero 2014, p.48).

여기서 알 수 있듯이, 키케로에게 폴리테이아의 번역어인 'res publica'는 모든 정치체제에 적용이 되고 그런 체제에는 혼합정도 포함되지만, 그는 이 단어를 아리스토텔레스처럼 혼합정에 대한 별칭으로 사용하지는 않는다. 즉, 그는 아리스토텔레스와 달리 폴리테이아 혹은 'res publica'를 왕정이나 귀족정과 구분되는 배타적인 의미의 정치체제로 사용하지 않는다. 또한, 그는 다수에 의한 통치를 의미하기 위해 그리스어에서 온 민주정(demokratia)이라는 용어를 사용하지 않으며 'popular republic' 혹은 'popular city'라는 말을 사용하고 있다. 그렇기 때문에 아리스토텔레스의 폴리테이아가 다수정이면서도 민주정의 반대이었던 것과 달리, 키케로의 'res publica'는 민주정(democracy)과 반대되는 독자적인 다수정 체제가 될 수가 없다. 키케로는 'popular republic'에 온화한 종류와 극단적인 종류가 있는 것으로 서술하고 있을 뿐이다. 키케로의 이런 다수정의 인식은 『정치학』의 아리스토텔레스보다는 『정치가』의 플라톤에 가깝다. 극단적인 형태의 'popular republic'에서는 인민대중이 과도한 자유를 요구하게 되며, 이로 인하여 무질서가 지속된다면 결국 독재정이 탄생하게 된다(Cicero 2014, p.59).

그런데 서양사에서 어느 순간에 폴리테이아의 번역어인 'res publica',

그리고 이것의 영어표현인 'republic'은 아리스토텔레스처럼 민주정의 반대개념도 아니고 플라톤처럼 정치체제 일반개념도 아니라 왕정과 대립되는 개념으로 사용되게 되었다. 이런 용법은 오늘날 우리가 공화정 혹은 'republic'이라고 할 때, 그것을 왕이 존재하지 않는 체제를 의미하는 것으로 이해할 때 찾아볼 수 있다. 왕정과 구분되는 독자적인 정치체제로서 'republic' 혹은 폴리테이아는 아리스토텔레스에서 시작하였지만, 왕정과 별개일 뿐만 아니라 그것의 정반대 개념으로서(즉, 민주정의 반대개념으로 서가 아니라) 'republic'을 본격적으로 이해하고 그것을 가장 널리 퍼뜨린 인물은 바로 마키아벨리(Niccolo Machiavelli)이다. 그는 『군주론』의 첫 문장에서 모든 정치체제는 군주정이거나 'republic'으로 양분할 수 있다고 하였다. 마키아벨리의 이런 체제구분과 'republic'이라는 용어의 사용은 키케로와 상치된다. 또한, 아리스토텔레스가 다수정인 폴리테이아와 명확히 구분해 언급한 체제는 왕정만이 아니었다. 그것에는 귀족정도 포함되었다. 아리스토텔레스의 경우 폴리테이아를 왕정에 반대되는 의미라기보다는, 오히려 동일하게 다수에 의해 통치되는 민주정에 대척되는 의미로서 사용하였다.

지금까지 'republic'과 민주정의 문제를 아리스토텔레스와 키케로 그리고 마키아벨리까지 연결하여 이야기했지만, 오늘날 대표적인 'republic'의 어법은 엄밀히 따지면 키케로와 무관하며 아리스토텔레스 용법과도 동떨어진다. 오늘날의 용법은 서양이 근대화하는 과정에서 왕의 지위를 어떻게 처리해야 하느냐가 정치의 최대 문제가 되면서 논의의 구심점이 왕정이냐 아니냐로 크게 양분되며 새롭게 생긴 것이다. 특히 왕을 폐위시킨 영국의 크롬웰(Oliver Cromwell)의 집정과 그 이후의 왕위 복권 및 프랑스에서의 왕의 폐위와 처형, 전통적인 왕조가 없고 식민지 국가였던 미국의 독립과 이에 따른 영국 왕정과의 분리 문제 등이 두드러지게 영향을 미쳤다

고 하겠다.[42]

다만, 여기서 왜 서양근대사에서 왕정의 반대로 민주정(democracy)이 아니라 'republic'이라는 단어가 사용되었는지는 여전히 의문이 남는다. 이에 대한 한 가지 답은 제1차 세계대전 이전까지만 하더라도 서양에서는 민주정이라는 용어가 매우 부정적으로만 사용되었기 때문이라는 것이다(Arblaster 1994, p.47). 그리스 민주정의 몰락 이후 오랫동안 서양에서 민주정은 그야말로 무식하고 되먹지도 않은 인간들이 머릿수만 내세워 과분하게 정치적 요구를 하는 체제 정도로 폄하되었다. 1966년 작성한 다음 글은 이런 민주정에 대한 부정적인 과거의 시대적 분위기를 잘 정리해 주고 있다.

> "민주정은 과거에는 나쁘게 인식되는 단어였다. 명색이 중요하다고 하는 인물들은 누구든 대중에 의한 통치 혹은 대중 대부분의 의지와 일치하는 정부라는 본래 의미의 민주정을 개인의 자유와 문명의 삶이 주는 모든 축복에 치명적으로 나쁜 영향을 미치는 것이라고 보았다. 이런 입장은 사실 거의 모든 지성인들이 가장 오래된 역사적 시기부터 약 100년 전까지 취한 것이다. 그런데 지난 50년 안에 민주정은 좋은 것이 되어버렸다(Macpherson 1966, p.1; Arblaster 1994, p.7에서 재인용)."

이런 민주정에 대한 부정적인 태도가 워낙 강한 시기에는 왕정에 반대되는 새로운 정치체제를 세우려는 사람들이 이 용어를 가지고 자신들의 주장을 포장해 내세우기에는 한계가 있었을 것이다. 그 결과 왕을 폐위하고 대중적인 정치체제 수립을 원했던 사람들은 민주정이라는 단어 대신에 공화정이라는 용어를 사용했을 것으로 추정할 수 있다.

---

42) 이와 관련한 세세한 설명은 Everdell(1987) 참고.

또한, 공화정이라는 용어가 민주정이라는 용어보다 훨씬 더 정치적인 참여의 폭이 협소하여 덜 위협적이었던 것도 한몫했을 것이다. 논리적으로 왕을 폐위해도 최하층 무산자 계급의 정치참여를 허용하지 않고 정치할 수 있는 여지가 많았다. 실제로 서양근대사를 보면 왕을 폐위하고도 정치를 하는 사람들은 여전히 제한적이었다. 이들이 귀족일수도 있고 아니면 새로운 신흥중산층일 수도 있었지만 무산자 대중은 아니었다. 이런 정치적 현실을 제대로 반영하려면 민주정이라는 용어보다는 상대적으로 정치참여의 폭이 모호하게 남아 있는 공화정이라는 용어가 더 매력적일 수 있다. 실제로 하층계급인 일반대중에 대한 참정권은 제1차 세계대전 이후에나 본격적으로 논의된다. 사회 저층의 노동자들이나 빈민들의 참정권은 왕정 폐지만으로 자동으로 부여되는 권리가 아닌 별개의 문제였다. 이런 면에서 몽테스키외의 체제구분은 새겨볼 만하다. 그는 여전히 일인정인 군주정과 1인 이상의 주권체로 구성되는 공화정을 구분하면서도 공화정의 하위 체제로 주권을 인민 전체가 갖는 민주정과 인민의 일부가 갖는 귀족정으로 구분했다. 즉, 공화정은 군주정이 아닌 어떤 체제이며 이 안에 민주정이 속한다. 따라서 민주공화정과 귀족공화정은 가능하지만 군주공화정은 불가능한 개념이다. 오늘날 대한민국의 민주공화국이라는 표현 역시 몽테스키외식의 표현을 차용한 것으로 볼 수도 있다. 그것은 단순히 민이 주인이라는 선언이 아니라 대한민국은 군주정이 아닌 동시에 또한 귀족공화국도 아니라는 것을 동시에 선언하는 것으로 해석될 수 있다.

6.9 빈부와 민주정

아리스토텔레스의 『정치학』에서 정치체제론과 관련해 추가로 논의가 필요한 부분은 그가 민주정을 정의하면서 전통적인 방식처럼 통치자의 수를 가지고 정의한 것 이외에 오늘날 정치사회적인 기준, 즉 빈부를 가지고 정의하는 대목이다. 이 부분은 앞에서도 공익을 가지고 체제를 정의하면서 잠시 논의되었지만 체제를 정의하는 두 번째 기준으로 여기서 별도로 떼어 논의할 필요가 있다. 앞에서 보았듯이 아리스토텔레스는 민주정을 다수에 의한 사익 추구 체제로 정의하지만 다른 한편으로는 다수이면서도 빈민이 통치하는 체제로 정의한다. 이 두 개의 정의가 동일하려면 빈민과 사익 추구가 일치해야 한다. 즉, 빈민은 언제나 사익을 추구해야만 한다. 아리스토텔레스는 이 부분에 있어서는 그다지 의문의 여지가 없다고 본 것인지 이 문제에 대해서 별도로 다루지 않았다.

빈민이 정권을 잡을 때, 이들이 이 정권을 공익을 위해서가 아니라 자기 집단의 이익을 증진시키기 위해 사용할 것이라는 가정은 논리적으로는 필연성이 없지만 현실적으로는 타당성이 있다. 사실 빈민은 정치에 참여할 경제적 여유가 없는 집단이다. 이들의 정치참여는 두 가지 가능성만 존재한다고 볼 수 있기 때문이다. 하나는 정치참여를 하도록 수당을 별도로 지급하는 방식이고, 다른 하나는 자신들의 이익을 위해서 나서주는 사람에게 권력을 위임하는 것이다. 전자의 경우 공공 업무를 사적인 영리를 위해서 사용한다는 비난을 면할 수 없다. 아리스토텔레스는 공직을 수행하는 기간에 받는 수당 내지 급여도 공직을 사익으로 사용하는 것이라고 보았다(5.8.1309a). 그리하여 이런 급여 내지 수당제는 누군가가 마치 환자가 병원에 남아 치료를 받으면 언제나 건강할 수 있다고 믿는 것처럼 공

직에 항구적으로 남아있게 하는 유인책을 제공하게 된다(3.6.1279a). 이것
은 평등한 사람들 간의 결합체로서 정치공동체에서 있어야만 하는 치자와
피치자 간의 권력순환을 방해하는 것이다. 따라서 그리스 민주정에서 정
치참여 혹은 공무 수행의 대가로 수당을 지불하는 것을 근거로 민주정은
사익 추구 체제로 결론 내릴 수 있다. 일반적으로 귀족정에서는 공무 수
행에 수당을 지급하지 않았으며, 민주정에서도 상당히 비민주적인 직위에
해당하는 장군직의 경우 여전히 수당을 지급하지 않았다. 이런 고대 그리
스적인 시각에서 본다면 오늘날의 직업 공무원제도나 선출직 공무원의 급
여제도는 이들이 비록 급여 이외의 비리를 저질러 공공재산을 착복하지
않는다고 하더라도 공직을 이용해 개인의 사익을 추구한 경우로 볼 수 있
다. 공공 업무를 보면서 대가를 받아 자기와 가족의 삶을 영위하고 있기
때문이다.

　　빈민들이 할 수 있는 정치 참여의 두 가지 방법 중 나머지 하나는 이
들이 직접 정치를 하지 않고 자신들의 집단이익을 누군가가 대신 주장하
고 실현시켜주도록 권력을 위임하는 것이다. 이렇게 권한을 부여받은 빈
민의 대변자들은 부자들을 빈민의 적으로 몰아세우고 그들에게 불리한 조
치들을 취한다. 이들은 그리스에서는 '데마고그(demagogue),' 로마에서는
'포플라레스(populares)'라고 불렸고, 오늘날에는 '포퓰리스트(populist)'라
고 칭해진다. 키케로는 이들을 두고서 "대중을 기쁘게 하는 것이라면 무
엇이든지 말하고 행하고자 했던 자들"이라고 했다(허승일 1989, p.188). 이
들은 처음에는 자신의 이익이 아니라 빈민들의 이익을 추구하고 민주정의
형틀을 유지하여 빈민들의 신임을 받고 그들의 대변인으로 처신했지만 종
국에는 정치권력을 점점 더 많이 사유화해 빈민들이 이들의 정치적 노예
로 전락하기도 한다. 이 결과 민주정은 독재정으로 이행하게 된다.[43)]

---

43) 빈민들이 여유가 없어 정치를 할 형편이 안 되기 때문에 정치를 누군가에 위임한다고

아리스토텔레스가 민주정을 다수에 의한 사익추구 체제로 규정하였을 때 더 고민했던 것은 두 가지이다. 하나는 거의 모든 체제가 다수의 의결로 통치된다는 사실이다. 1인 통치체제를 제외하고는 언제나 다수결로 체제는 운영된다. 귀족정에서는 귀족의 다수가, 과두정에서는 부자들의 다수가 체제를 운영한다. 따라서 그는 민주정을 다수에 의한 지배체제라고 정의하는 것은 뭔가 부족하다고 본다. 그는 다수라는 형식적 논리보다 이 다수를 어떤 실질적 집단으로 지칭할 필요를 느낀다. 이 결과 그가 찾아낸 실질적 다수집단이 빈민이다. 세상만사의 이치가 그러하듯이, 노예가 아닌 자유인 집단 중에서 빈민이 언제나 다수이다. 이들이 시민으로서 정치적 최고 결정을 내리는 체제가 민주정이다. 이 문제는 또한, 민주정에서 말하는 다수가 무엇의 다수인가를 분명히 할 필요가 있음을 의미한다. 그것은 어떤 절대적 소수가 아닌 것이 아니라 특정 범주로 정해진 전체집단의 다수를 의미한다. 여기서 그 특정 전체집단은 노예가 아닌 자유인이다.

그럼에도 불구하고 왜 자유인 중에서 다수를 형성하는 수많은 범주집단들 가운데 하필 빈민이 통치하는 체제를 민주정이라고 하는가 하는 문제에 봉착하게 된다. 예를 들면, 어떤 사회이든지 미남은 소수이고 평범한 사람은 다수이다. 또한 키가 큰 사람은 소수이고 키가 크지 않은 사람은 다수이다. 따라서 통치자의 수만으로 민주정을 정의한다면 평범하게 생긴 사람들이나 키가 크지 않은 사람들이 통치하는 체제도 역시 민주정이라고 부를 수 있다. 더욱이 부자가 자유인 중에서 다수를 차지하고 빈민이 소수를 차지하는 사회를 상상한다면 이 사회에서는 다수의 부자들이 지배하는 체제로 민주정이 나올 수 있다. 이런 다른 가능성에도 불구하고 왜 하필 빈민들이 다수를 형성해 지배하는 체제만을 민주정이라고 하는가

할 때 사람이 아니라 법에 위임할 수도 있다. 논리적으로는 이 역시 가능하지만 현실적으로 이들이 법에 위임해 정치를 하기란 어려워 보인다. 그렇게 해야 할 유인책이 없다.

하는 문제를 제기할 수 있다. 이에 대한 아리스토텔레스의 대답은 분명하게 제시되고 있지 않다. 관례적으로 민주정이라 부르는 체제를 보면 빈민들이 다수를 형성해 지배하기 때문이라는 것 외에 다른 어떤 이론적인 근거가 제시되지 않고 있다.

왜 다수의 빈민이 지배하는 체제만을 민주정이라고 불러야 하는가에 대한 논리적인 근거가 부족함에도 불구하고, 그가 이렇게 민주정을 정의했기 때문에 중산층이 다수를 형성하는 체제는 정의상 민주정이 될 수가 없다. 혹은 중산층이 단독으로가 아니라 부유층과 연대해 다수를 형성해도 민주정이 될 수 없으며, 중산층과 빈민층이 연대해 다수를 형성해도 민주정이 될 수 없다. 오로지 빈민이 다수를 형성하는 경우만 민주정이 될 수가 있다. 그리고 이런 빈민들은 중산층과 달리 자기 집단의 이익만을 추구하기 때문에 이 체제는 결국 다수의 사익추구 체제가 되어 버린다. 결과적으로 다수의 빈민체제로 민주정을 정의하는 것이 다수의 사익추구 체제로 민주정을 정의하는 것과 서로 실질적으로 모순되지 않게 된다.

오늘날 비교정치학자들은 민주정은 중산층이 형성되거나 경제발전이 된 이후 가능하다고 주장한다. 이런 주장은 아리스토텔레스의 주장과 정면으로 배치된다. 아리스토텔레스에게 민주정은 중산층을 사회적 배경으로 하는 것이 아니라 빈민을 사회적 배경으로 하는 것이고 중산층을 배경으로 하는 것은 민주정이 아니라 일종의 혼합정인 폴리테이아이다. 중산층을 배경으로 한 체제를 오늘날처럼 민주정이라고 부를 것인가 아니면 아리스토텔레스처럼 폴리테이아로 부를 것인가는 단순한 용어상의 차이로 간주될 수 있다. 하지만 아래에서 논의하는 바와 같이 정치체제의 실질적인 운영방식과 관련해 정치제도론적인 시각에서 정치체제를 분류해도 오늘날 비교정치학자들이 민주주의 체제로 부르는 것은 아리스토텔레스의 기준으로 민주정이 아니다.

6.10 체제 운영방식과 민주정 분류

아리스토텔레스는 체제를 분류하는 기준으로 수와 공익, 수와 빈부 이외에 체제를 운영하는 방식을 사용하는 제3의 분류법도 제시하는데, 그 것은 정치적 사안의 심의 및 결정 방식, 공직 담당 선발 방식, 그리고 판결 방식을 각각 여러 가지 경우의 수로 나누고 그에 따라서 각 정치체제를 분류하는 것이다. 예를 들어 심의기능의 경우 어떤 문제에 대해 누가 심의하느냐에 따라 체제가 달라진다. 극단적인 민주정의 경우 모든 문제를 모든 사람에게 개방해 결정하도록 한다. 반면에 과두정은 소수의 시민이 모든 문제에 대해 심의하는 것이고, 귀족정은 소수의 시민이 소수의 문제를 심의하며 나머지 문제는 선거로 선발된 공무수행원들이 심의하는 것이다. 모든 문제를 선거로 뽑힌 소수와 무작위로 추출된 사람들이 함께 심의한다면 이것은 폴리테이아이다. 나아가 심의를 수행하는 방식이나 주체가 보다 세분화 될 수 있기 때문에 각각의 정치체제는 더욱더 다양한 형태로 구분될 수 있다. 여기에다 집행기능과 사법기능의 처리방식과 주체를 더하면 수많은 조합이 가능하고 체제는 그만큼 수많은 변형이 나올 수 있다.

이렇게 체제 운영방식에 따른 제3의 분류법을 오늘날에 적용한다면, 비교민주주의 학자들이 요즈음 민주주의로 정의하는 정치체제는 아리스토텔레스가 민주정 혹은 빈민 정치체제로 정의하는 체제와 거리가 멀고 그의 혼합정이나 귀족정 혹은 과두정에 오히려 가깝다. 우선 정치적 사안 심의와 결정 방식 및 판결 방식과 관련해 아리스토텔레스의 관점에서 볼 때 오늘날 민주정은 결코 민주정이 아니다. 아리스토텔레스의 제3의 분류법에 따르면, 전형적인 민주정은 한꺼번에 만나서 하든 점차적으로 순번을 바꾸어서 하든 모두가 모든 사안에 대해서 심의하고 결정하며, 판결도 모두가 모든 사법 사안에 대해서 판결하는 것이다. 오늘날처럼 선거로 임명된 소수의 사람들이 모든 정치 사안이나 사법사안에 대해서 결정을 내리는 것은 과두정이다(4.14.1298a, 4.16.1301a).

또한, 공직 선출과 시험을 통한 임명과 같은 엘리트 위주의 공직충원 제도와 선거 입후보 자격을 기탁금으로 제한하는 것은 아리스토텔레스의 민주정 혹은 빈민 정치체제에서는 상상도 할 수 없는 일이다. 공직자 선발방식으로 판별할 때, 오늘날 민주주의로 정의되는 체제는 아리스토텔레스의 분류에서는 혼합정이나 귀족정에 가까울 것이다. 그에 따르면 누구나 공직선출을 위한 투표권을 부여하되 입후보 자격을 제한하는 공직자 선발방식, 즉 모두가 선임권을 갖되 입후보를 제한하는 것은 민주정의 특징이 아니다. 그는 그런 방식을 일부 공직에만 적용하는 것이 폴리테이아, 즉 혼합정의 특징으로 보았고, 모든 공직에 적용하는 것은 귀족정의 특징이라고 규정하고 있다. 민주정의 경우 모든 공직에 대해서 모두가 선출권과 입후보권을 갖는다(4.15.1300a,b).

요약하면 오늘날 우리가 민주정이라고 규정하는 체제는 행정, 입법, 사법의 운영 방식 측면에서 볼 때, 아리스토텔레스에게는 혼합정이나 귀족정 혹은 과두정은 될 수 있어도 결코 민주정은 아니다. 이 체제가 주요 사안을 처리하는 방식이나 공직담당자를 선발하는 방식이 제한적이기 때문에 아리스토텔레스의 제도론적인 정치체제 정의에 따르면 민주정이 아닌 것이다.

김광섭. 1947. "정치의식과 문학의 기본이념."『경향신문』(6월 8일), 2.

레오 스트라우스, 조셉 크랍시 저, 김영수 외 역. 2010.『서양정치철학사 1』. 고양시: 인간사랑.

로베르 플라실리에르 저, 심현정 역. 2004.『고대 그리스의 일상생활: 페리클 레스 시대』. 서울: 우물이 있는 집.

슘페터 저, 이극찬 역. 1982.『자본주의, 사회주의, 민주주의』. 서울: 삼성출 판사.

조지 세이빈, 토마스 솔슨 저, 성유보 차남희 역. 1983.『정치사상사 1』. 서 울: 한길사.

최자영 편역. 2012.『그리스 역사』. 서울: 안티쿠스.

크세노폰 저, 천병희 역. 2018.『소크라테스 회상록』. 파주시: 숲.

풀루타르코스 저, 이성규 역. 2016.『풀루타르코스 영웅전 전집 1: 그리스와 로마의 영웅 50인 이야기』. 파주시: 현대지성.

플라톤 저, 천병희 역. 2013.『국가』. 파주시: 숲.

플라톤 저, 천병희 역. 2014.『정치가 소피스트: 후기 대화편들』. 파주시: 숲.

허승일. 1989. "키케로의 공화정치론과 민주정체관."『서양고전학연구』3, p.169-195.

Abbott, Frank Frost. 1911. *A History and Description of Roman Political Institutions*. Cambridge: Harvard University Press.

American School of Classical Studies at Athens. "Ekklesia(Citizens'

Assembly)," http://agathe.gr/democracy/the_ekklesia.html.

Anthon, Charles, ed. and trans. 1870. *Xenophon's Memorabilia of Socrates*. New York: Harper & Brothers.

Anthony, Arblaster. 1994. *Democracy*, 2nd ed. Buckingham: Open University Press.

Arendt, Hannah. 1977. *On Revolution*. London: Penguin Books.

Aristotle. 1887. *The Politics of Aristotle*. Annotated and explained by W. L. Newman. Oxford: Clarendon Press.

Aristotle. 1892. *Aristotle on the Constitution of Athens*. Translated by E. Poste, London: Macmillan and Co.

Aristotle. 1893. *The Politics of Aristotle*. Translated by J. E. C. Welldon. London: Macmillan and Co.

Aristotle. 1948. *The Politics of Aristotle*. Edited and translated by Ernest Barker. Oxford: Clarendon Press.

Aristotle. 2002. *The Athenian Constitution*. Translated by P. J. Rhodes. London: Penguin Books.

Aristotle. 2011. *Aristotle's Nicomachean Ethics*. Translated by Robert C. Bartlett and Susan D. Collins. Chicago: University of Chicago Press.

Asmonti, Luca. 2015. *Athenian Democracy: A Soucebook*. London: Bloomsbury.

Cicero, Marcus Tullius. 2014. *On the Republic and On the Laws*. Translated by David Fott. by Ithaca: Cornell University Press.

Cooper, John M. 1997. "Introduction" In *Complete Works. Written by Plato and Edited by John M. Cooper*. Indianapolis: Hackett Publishing Company.

Dalton, Russell J., Doh Chull Shin, and Wily Jou. 2007. "Popular Conceptions of the Meaning of Democracy: Democratic Understanding in Unlikely Places." Center for the Study of Democracy working paper.

Demosthenes. 2014. *Selected Speeches*. Translated by Bobin Waterfield. Oxford: Oxford University Press.

Desmond, William. 2011. *Philosopher-Kings of Antiquity*. New York:

Continuum.

Dunning, William Archibald. 1902. *A History of Political Theories: Ancient and Mediaeval*. New York: The Macmillan Company.

Everdell, William R. 1987. "From State to 'Free State': The Meaning of the Word 'Republic' in Western Europe from Jean Bodin to John Adams." Paper presented at the Seventh International Conference on the Enlightenment, Budapest, 31 July.

Fine, John V. A. 1983. *The Ancient Greeks: A Critical History*. Cambridge, MA: Harvard University Press.

Finley, M. I. 1996. *Democracy Ancient and Modern*. New Brunswick, New Jersey: Rutgers University Press.

Fishkin, James S. 1991. *Democracy and Deliberation: New Directions for Democratic Reform*. New Haven: Yale University Press.

Fling, Fred Morrow. 1907. *A Source Book of Greek History*. Boston: D. C. Heath & Co.

Forrest, W. G. 1966. *The Emergence of Greek Democracy: The Character of Greek Politics, 800-400 BC*. London: World University Library.

Fritz, Kurt Von. 1954. *The Theory of the Mixed Constitution in Antiquity: A Critical Analysis of Polybius' Political Ideas*. New York: Columbia University Press.

Galpin, Timothy J. 1984. "The Democratic Roots of Athenian Imperialism in the Fifth Century B.C." *The Classical Journal* vol. 79. no.2, p.100-109.

Gray, Vivienne J. ed. 2007. *Xenophon on Government*. Cambridge: Cambridge University Press.

Hamilton, Alexander. "From Alexander Hamilton to Gouverneur Morris, 19 May 1777." *Founders Online* of *National Archives*, https://founders.archives.gov/documents/Hamilton/01-01-02-0162.

Hansen, Morgens Herman. 1998. *Polis and City-state: An Ancient Concept and Its Modern Equivalent*. Symposium January 9, 1998. Acts of the Copenhagen Polis Centre vol. 5. Copenhagen: Munksgaard.

Harris, Edard M. 1992. "Pericles' Praise of Athenian Democracy Thucydies

2.37.1." *Harvard Studies in Classical Philosophy* vol. 94.

Herodotus. G. C. Macaulay, trans. 1890. *The History of Herodotus.* London: Macmillan.

Herodotus. 1952. *The History of Herodotus.* Translated by George Rawlinson. London: Encyclopaedia Britannica, Inc.

Internet Archive. http://archive.org. Digital files of various old publications.

Kahn, Charles H. 1963. "Plato's Funeral Oration: The Motive of the Menexenus." *Classical Philology* vol.58, no.4, p.220-234.

Klosko, George. 2012. *History of Political Theory: An Introduction,* Volume 1: Ancient and Medieval, 2nd ed. Oxford: Oxford University Press.

Landemore, Helene. 2008. "Is Representative Democracy Really Democratic?" Interview of Bernard Manin and Nadia Urbinati-New York, April 10, 2007. https://booksandideas.net/Is-representative-democracy-really-democratic.html.

Lane, Melissa. 2014. *Greek and Roman Political Ideas.* London: Pelican.

Lane, Melissa. 2016. "Popular Sovereignty as Control of Office-holders: Aristotle on Greek Democracy." In *Popular Sovereignty in Historical Perspective.* Edited by Richard Bourke and Quentin Skinner. Cambridge: Cambridge University Press.

Lisi, Francisco L. 2013. "Plato and the Rule of Law." *Methexis* 26, p.83-102.

Locke, John. 1960. *Two Treatises of Government.* Edited by Peter Laslett.

Macpherson, C. B. 1966. *The Real World of Democracy.* Oxford: Clarendon Press.

Monoson, S. Sara. 2000. *Plato's Democratic Entanglements: Athenian Politics and the Practice of Philosophy.* Princeton, New Jersey: Princeton University Press.

Montesquieu. 1989. *The Sprit of the Laws.* Translated and Edited by A. M. Cohler, B. C. Miller and H. S. Stone. Cambridge: Cambridge University Press.

Nails, Debra. 1995. *Agora, Academy, and the Conduct of Philosophy.* Boston: Kluwer Academic Publishers.

Plato. 1892. *Menexenus.* In *the Dialogues of Plato,* vol. II. Translated by B. Jowett. New York: Macmillan and Co.

Plato. 1892. *Republic.* In *the Dialogues of Plato,* vol. III. Translated by B. Jowett. Oxford: Clarendon Press.

Plato. 1945. *The Republic of Plato.* Translated by Francis Mcdonald Cornford. New York: Oxford University Press.

Plato. 1975. *The Statesman.* In *the Dialogues of Plato* vol. IV, 2nd ed. Translated by Benjamin Jowett. Oxford: Clarendon Press.

Plato. 1997. *Complete Works.* Edited by John M. Cooper. Indianapolis: Hackett Publishing Company.

Raaflaub, Kurt A., Josiah Ober and Robert W. Wallace. 2007. *Origins of Democracy in Ancient Greece.* Berkeley: University of California Press.

Robinson, Eric W. 2011. *Democracy beyond Athens: Popular Government in the Greek Classical Age.* Cambridge: Cambridge University Press.

Rothchild, John A. 2007. "Introduction to Athenian Democracy of the Fifth and Fourth Centuries BCE." Unpublished manuscript. http://homepages. gac.edu/~arosenth/265/Athenian_Democracy.pdf.

Sabine, George H. and Thomas L. Thorson. 1973. *A History of Political Theory,* 4th ed. New Delhi: Oxford & IBH Publishing Co.

Schumpeter, Joseph A. 1942. *Capitalism, Socialism and Democracy.* New York: HarperPerennial.

Stanton, G. R. 1990. *Athenian Politics c. 800-500 BC: A Sourcebook.* London: Routledge.

Strauss, Leo and Joseph Cropsey, eds. 1981. *History of Political Philosophy.* 2nd ed. Chicago: The University of Chicago Press.

Thorley, John. 2004. *Athenian Democracy.* London: Routledge.

Thucydides. 1900. *Thucydides.* Translated by Benjamin Jowett. Oxford: Clarendon Press.

Thucydides. 1952. *The History of the Peloponnesian War.* Translated by Richard Crawley. London: Encyclopaedia Britannica, Inc.

Wiggers. 1870. "Life of Socrates." In *Xenophon's Memorabilia of Socrates.* Edited and Translated by Charles Anthon. New York: Harper & Brothers.

Wikimedia Commons. http://commons.wikimedia.org. Graphic files of "Greece 5th Century BC," "Socrates Address," "The School of Athens," and "Aristotle and His Pupil, Alexander."

Xenophon. 1852. *Xenophon's Memorabilia of Sokrates.* Translated by George B. Wheeler. London: William Allan.

Xenophon. 1891. *The Memorable Thoughts of Socrates.* Translated by Edard Bysshe. London: Cassell & Company.

Xenophon. 1923. *Memorabilia and Oeconomicus.* Translated by E. C, Marchant. London: William Heinemann.

찾아보기

저자소개

최정욱

현재 건국대학교 정치외교학과 교수로 재직중이며, 경상남도 합천 태생으로 학남초등학교, 덕곡중학교, 서울 대성중학교, 반포중학교, 중앙대학교 사범대학 부속고등학교를 거쳐서 서울대 정치학과 학부와 대학원을 나오고 미국 University of Texas at Austin 정치학과에서 박사학위를 하였다. 정치학의 다양한 분야를 통섭하고 오랜 기간 한국정치, 동남아정치경제, 인도정치와 사회, 그리고 서양과 한국 민주주의 사상을 연구하고 강의하고 있는 정치학자이다. 저서 중에는 한국정치학회 학술상을 수상한 "Votes, Party Systems, and Democracy in Asia(New York: Routledge, 2012)"와 대한민국학술원 우수학술도서로 선정되는 동시에 교육부 학술지원사업 우수성과로 부총리 겸 교육부장관 표창을 수상한 『인도의 사회적 취약층과 우대정책: 기타후진계층(OBC)의 공직, 교육 및 정치부문 할당정책』(서울: 글로벌콘텐츠, 2017)이 있다. 논문으로는 인도, 한국, 필리핀, 인도네시아, 말레이시아, 태국, 미국, 대만에 관한 경험적 연구들뿐만 아니라, 이 책의 주제인 민주주의 사상 관련된 것으로 "democracy는 민주주의가 아니라 다수정이다: 공화주의와의 차이를 논하며(2009)," "근대 한국에서의 민주 개념의 역사적 고찰(2013)," "동아시아 5개국 제헌과정의 민주적 정당성 비교(2021)"가 있다. 현재 그는 한국연구재단 지원을 받아 장기 개인연구 과제로 서양민주주의 개념사를 연구하고 있고, 공동연구 과제로 제헌국회 회의록에 등장하는 민주주의 사상을 연구 중이다.
연락처: drchoi@konkuk.ac.kr, http://drchoi.konkuk.ac.kr.

서양 민주 개념 통사: 고대편

초판발행	2021년 9월 15일
지은이	최정욱
펴낸이	안종만·안상준
편 집	탁종민
기획/마케팅	정연환
표지디자인	BEN STORY
제 작	고철민·조영환
펴낸곳	(주) **박영사**
	서울특별시 금천구 가산디지털2로 53, 210호(가산동, 한라시그마밸리)
	등록 1959. 3. 11. 제300-1959-1호(倫)
전 화	02)733-6771
fax	02)736-4818
e-mail	pys@pybook.co.kr
homepage	www.pybook.co.kr
ISBN	979-11-303-1309-2 93340

* 이 저서는 2018년 대한민국 교육부와 한국연구재단의 지원을 받아 수행됨
  (과제번호: NRF-2018S1A5A2A01029039).

정 가	13,500원